FLIX SPECIAL
『ロケットマン』大特集＋この音楽映画を観よ！

COVER PHOTO

CONTENTS

必見！ オススメのミュージシャンの名作伝記映画

『ボヘミアン・ラプソディ』

ロケットマン

音楽史に残るカリスマ・ミュージシャン、エルトン・ジョン。
“Based on the true fantasy（真のファンタジーに基づく）”と銘打った本作は、
エルトンのヒット曲をふんだんに散りばめ、〝ファンタスティック〟な彼の半生をきらびやかに描きだす。

2019年イギリス・アメリカ・カナダ合作映画／監督＝デクスター・フレッチャー／脚本＝リー・ホール／製作＝マシュー・ヴォーン、エルトン・ジョン／出演＝タロン・エガートン、ジェイミー・ベル、ブライス・ダラス・ハワード、リチャード・マッデン／上映時間＝121分／配給＝東和ピクチャーズ／8月23日より全国にて公開

わたしはPG–13の人生を送ってきたのではないからね

エルトン・ジョン

文＝有澤真庭

イギリスの伝説的なバンド〈クイーン〉のボーカル、フレディ・マーキュリーの生き様を描いた『ボヘミアン・ラプソディ』の興奮冷めやらぬなか、彼に勝るとも劣らない大物ミュージシャン、サー・エルトン・ジョンの半生を描いた作品が公開される。奇しくも『ボヘミアン・ラプソディ』の監督を（降板させられたブライアン・シンガーに代わり）3週間ばかりつとめたデクスター・フレッチャーがメガホンをとる。果たして、『ボヘミアン・ラプソディ』の再現なるか？

映画は、オレンジ色の悪魔の衣裳を身につけたエルトン・ジョンが、画面奥から通路をのし歩いてくる場面で始まる。コンサートに向かうのかと思いきや、通路の先はマジソン・スクエア・ガーデンでもドジャー・スタジアムでもなく、リハビリ施設「パークランズ・ホスピタル」の一室。それぞれ問題を抱えた入所者の輪のなかへ、バカらしいほどド派手な格好をしたエルトンがやって来ると、空いた椅子にどかりと腰かけ「わたしはエルトン・ハーキュリーズ・ジョン。アル中でヤク中で買い物中でセックス中毒で過食症だ」と自己紹介する。

「どんな子供だったの？」というセラピストのお決まりの問いかけに応えるように、エルトンの目の前に5歳ぐらいの子供が現れる。子供が走っていくと、そこは1950年代ロンドン郊外の住宅街。近所の住民や入所仲間をしたがえて、レジー（エルトンの本名）少年が「ぼくは気難し屋《bitch》、だって君た

ちより優秀な人間だから」とエルトンの持ち歌「あばずれさんのお帰り」をかわらいらしい声で歌って踊る――そう、『ロケットマン』はミュージカルなのだ。"Based on the true fantasy（真のファンタジーに基づく）"と銘打った本作は、エルトンのヒット曲をふんだんに散りばめ、"ファンタスティック"な彼の半生をきらびやかに描きだす。そうすることで、実際の出来事や時系列を、（『ボヘミアン・ラプソディ』が受けたような批判とは無縁に）アレンジできる自由を獲得した。

ラジオから流れる「スケーターズ・ワルツ」を"耳コピ"し、ピアノでそらんじる神童ぶりを発揮したレジーは、11歳で奨学金をもらい、王立音楽アカデミーでクラッシック・ピアノの手ほどきを受ける。悪魔衣裳のＥ Ｊ《エルトン・ジョン》はセラピストに「ハッピーな子供時代だったよ」とうそぶくが、その実両親の仲は冷え切っており、久しぶりに帰宅した軍人の父親にレジーがハグをせがむと、「甘えるな」と突き放される。家族それぞれが「アイ・ウォント・ラヴ」を切々と歌うこの場面を、カンヌ映画祭で初めて観たエルトンは、身も世もなく泣いたとガーディアン紙の寄稿記事で告白している。

やがて、母親の浮気がもとでとうとう両親は離婚。母の再婚相手からエルビス・プレスリーを教えられたレジーはロックに夢中になり、パブでピアノを演奏したり、〈ブルーソロジー〉というバンドを組んで、ソウル系ミュージシャンのバックバンドとしてイギリス

MAGIC CITY

各地を回る。この頃音楽で身を立てる決心をしたレジーは「エルトン・ジョン」を名乗りはじめ、リバティ・レコードのオーディションを受ける。応対したレイ・ウィリアムズから残念賞代わりに「これに曲をつけてみろ」と渡された一通の茶封筒には、その後50年にわたってコンビを組むことになる作詞家バーニー・トーピンの手になる詞が入っていた。

カフェで初顔合わせしたエルトンとバーニーはまるで「生き別れの兄弟」のように意気投合。「人生の壁」をはじめ共同で何曲も曲を作り、そのうちの一曲「僕の歌は君の歌」がDJMレコードのディック・ジェイムズの眼鏡にかなう。正式にアルバム3枚分の契約を結び、ロサンゼルスの有名なライブハウス「トルバドール」でのアメリカ初コンサートも決定した。

ギグの初日、星条旗がモチーフのシャツに白いオーバーオール、プラットフォームブーツの〝ステージ衣裳〟で臨むエルトンだが、興奮したバーニーがレオン・ラッセルやニール・ダイアモンドらが聴きに来ていると教えると、怖じ気をふるってトイレに閉じこもってしまう。レイに脅され、いや励まされ、なんとか気を取り直してステージに上がるエルトン。ピアノの前に座り、マイクに向かって「クロコダイル・ロック」を歌いかけるや、たちまちオーディエンスは魔法にかかり、EJと一体となってふわりと地面を舞いあがる——。

この場面の事実検証をすると、映画

はほぼ史実だが、オーバーオールは白ではなく黄色で、観客を熱狂させた曲は「布教本部を焼き落とせ」。MCをつとめたダイアモンドが「この若者は絶対に成功できない」と思ったほど緊張していたエルトンは、LAっ子たちに出鼻をくじかれ、「キレ」た彼が椅子を蹴り飛ばして片手逆立ちしながら原曲のテンポをあげて弾きはじめたとき、初めて伝説が生まれる。まさに、事実は映画よりファンタスティックなり。

エルトンを演じるのは、タロン・エガートン。エルトンとは、プロデューサーの1人であるマシュー・ヴォーンの監督作『キングスマン：ゴールデン・サークル』で共演した仲だ。同じく本作のプロデューサーをつとめるエルトンは、自分の伝記映画を作るにあたり、口パクではなく、演じる俳優が実際に歌うことを求めた。CGアニメーション映画『SING／シング』でゴリラのジョニーの声を当てて披露した「アイム・スティル・スタンディング」の歌いっぷりが決め手となり、一時はトム・ハーディやジャスティン・ティンバーレイクが候補にあがったエルトン役を、見事にエガートンが射止めた。得意なバラードからロックまで全曲歌いこなし、「わたしの物真似ではなく、自分の解釈で歌って欲しい」というEJの要望に十二分に応えている。

また、「この映画のハートはエルトンとバーニーの友情」とフレッチャー監督が強調するほど重要なバーニー役に扮するのは、ジェイミー・ベル。やはりEJとは、彼が作曲を担当したミ

CHARACTERS

登場人物

エルトン・ジョン

タロン・エガートン

３歳でピアノを始め、11歳で国立音楽アカデミーに入学。17歳にはプロとして音楽活動に専念する。本名のレジー・ドワイト名義で活動するが、レイ・ウィリアムズに出会うことで作詞家のバーニー・トーピンと曲を作り始め、そこから「エルトン・ジョン」と改名する。

バーニー・トーピン

ジェイミー・ベル

エルトンの音楽パートナーの作詞家。1967年、エルトンとバーニーは初の共作曲「スケアクロウ」を発表。２人は1976年に「蒼い肖像」のリリース後、コンビを一時的解消し、1983年に全面復活する。

シェイラ・アイリーン

ブライス・ダラス・ハワード

エルトンの母。エルトンの父親スタンリーと1962年に離婚したシェイラはエルトンを引き取り育てる。その後、フレッド・フェアブラザーと再婚する。

ジョン・リード

リチャード・マッデン

過去にはクイーンのマネージャーも務めていたこともあるリードは、1970年から1998年までの28年間に渡りエルトンのマネージャーだっただけでなく、５年間は恋愛関係にあった。

レイ・ウィリアムズ

チャーリー・ロウ

リバティ・レコードのA&Rマネージャーで、新人アーティストの発掘・契約・リリースを仕切る仕事をしている。彼がニュー・ミュージカル・エクスプレス誌に載せた募集広告にエルトンが応募した。

アイヴィ

ジェマ・ジョーンズ

エルトンの祖母。エルトンが繊細で、幼い頃から凄まじい音楽の才能を持ち合わせていることを理解していた彼女は、ピアノの教師を連れてきて音楽教育を薦めた。

スタンリー

スティーヴン・マッキントッシュ

エルトン・ジョンの父親。王立空軍の飛行中隊長がシェイラ・アイリーンと結婚し、エルトン・ジョンが生まれる。エルトンが15歳の1962年に離婚。エルトンが父親と過ごした時間はわずかだった。

ュージカル「リトル・ダンサー」の元映画の主役、ビリー・エリオットを演じた縁がある。派手なエルトンとは対照的に、地に足のついたバーニーをベルはやわらかな物腰で演じ、なにかと角の立つ登場人物ばかりのなか、エルトンのみならず観客の気持ちをもほぐしてくれる。脚本は、くだんの「リトル・ダンサー」を執筆したリー・ホール。「話せば話すほど、エルトンがビリー・エリオットに重なるんだ」とリーはいう。衣裳担当のジュリアン・デイによる数々のステージ衣裳（と眼鏡）は本作の見どころのひとつで、映画が終わるのが残念なほど楽しい。『ボヘミアン・ラプソディ』も手がけたデイが「衣装デザイナーにとって夢の仕事」というのも納得だ。エルトンのマネージャー兼恋人となるジョン・リード役は、「ゲーム・オブ・スローンズ」のリチャード・マッデン（リードは〈クイーン〉のマネージャーも担当しており、『ボヘミアン・ラプソディ』ではエイダン・ギレンが演じた）。『ロケットマン』はメジャー映画としては初めてゲイのセックスシーンを描いた作品となり、汚い言葉遣いやドラッグ描写もあることからR指定に。「わたしはPG-13の人生を送ってきたのではないからね」とはエルトンの弁だ。

タロン・エガートン

Taron Egerton

「エルトンにはいい時も悪い時もあったのは、もう周知の事実となっている。その真実をちゃんと語ることは、僕にとって大事だった」

構成＝編集部／Photo by Gavin Bond

——今作は本格的なミュージカルですね？　歌がストーリーを語る役割を果たしています。

タロン・エガートン（以下E）　今作は、最初から普通の形のドラマとして作るのではなく、ある程度ファンタジーが入ると決まっていたんだ。トルバドール（ロサンゼルスのライブハウス）のシーンを観ていただいて、分かったと思うけれど。映画は、エルトンが更生施設に入るところから始まるんだ。僕にとって、それはとても興奮を覚えることだった。人に一番観ていただきたいと思っているのも、そこだよ。世界中であんなに知られている人が、最も脆く、プライベートな状況にあるところを見せるんだから。それはめったにないことだと思う。そのこと自体が、エルトンの誠実さとたくましさを物語っていると僕は思う。この映画は、エルトンが更生しながら自分の人生を振り返る形で進む。子供時代、王立音楽アカデミー時代、そして更生施設にいる生活までをね。

——エルトン・ジョンは広く知られている人物です。そんな人を演じるというのは、どんな感じだったのでしょうか？

E　恐ろしかったよ。これはミュージカルだし、ファンタジーでもあるので、演じる人が歌うというのは、最初から決まっていた。それは結構厄介なことだった。とくに『ボヘミアン・ラプソディ』の後だったしね。あの映画は、歌にフレディ・マーキュリー本人の声を使っている。今作で僕は自分にできるかぎり上手に歌うしかなかった。だけど、エルトンとデヴィッド（・ファーニッシュ）が製作に深く関わってくれていたのは、ラッキーだったよ。そもそもこれは彼らが立ち上げたんだよね。この2年ほど、エルトンは僕を自分の人生に招き入れてくれて、僕の友達になってくれた。それが今作をとてもパーソナルなものにしていると思う。そして、去年の初め頃に、助演のキャスティングの候補の名前を耳にするようになって。僕はプロデューサーでもなんでもないんだけれども、それに関してはかなり意見を言っていたんだよね（笑）。ジェイミー（・ベル）の名前が出た時は、「完璧だ！」と思ったよ。ジェイミーのような実力のある人や、リチャード・マッデンのように魅力のある俳優に囲まれていると、自信がもてて、自分にも力がつくように感じるものだ。そうやって僕は自分の恐れを乗り越え、それを忘れて挑もうとした。

——エルトンとバーニーは、数々の名曲を生み出してきました。でも彼らはそれ以上に深い人間関係を築いていましたよね。今作も2人のコラボレーションの過程をしっかり描いているような感じがするのですが……。

E　エルトンのユニークなところのひとつに、彼は歌詞を書かないというのがある。そこは彼の得意分野ではない。エルトンはまた、別の意味でもかなり変わっている。彼は長年の間に大きく変化しているんだ。最初、彼はかなりシャイなタイプだった。世間知らずで、無邪気だった。その頃の話を彼は僕に聞かせてくれたよ。今みんなが思う彼とは全然違うんだ。彼はすごく変化した。変化を促進した大きなもののひとつに、バーニーとの関係がある。エルトンは、バーニーのことを弟のような存在だと言ったよ。エルトンには弟がいなかった。それまでエルトンには、一緒に映画に行ったり遊んだりする人がいなかったんだ。彼らは言ってみたらちょっと恋に落ちたような感じでもあった。クリエイティブなパートナーとしてだけどね。バーニーがいることで、エルトンは完成した。その前、エルトンは自分に完全に満足していなかったと思う。レイ・ウィリアムズがエルトンにたくさんの歌詞（注：バーニー・トーピンが書いたもの）をくれたのは、彼にとって最大の幸運だったんだよ。そこから彼の音楽が変わったんだ。それぞれにバックグラウンドは違うものの、2人ともワーキングクラスの出身。2人が一緒になる時、そこには素晴らしいシナジーがあった。

——でも、真の友情をスクリーンで描くのは、難しいかと思います。どのような準備をなされたのでしょうか？

E　僕は事前にたっぷりリサーチをした。2人が一緒にいるフッテージをたっぷり観たりとかね。彼らにつ

いて書かれた本もあった。脚本にも、「僕らは一度も言い争いをしたことがない」というセリフがある。

——外見からもエルトンになりきっていますが、どのように役に入っていったのでしょうか？

E　フッテージはたくさんあったよ。そして僕は歳をとってからのエルトンのほうが、演じやすいと感じた。僕が一緒にたくさんの時間を過ごしたエルトンは、歳をとってからのエルトンだからだ。21歳のエルトンに、僕は会ったことがない。フッテージはあっても、カメラの前で人はちょっと意識して振る舞うものだ。初めてエルトンと会って話をした時、僕らは一緒にカレーを食べた。テイクアウトのカレーを彼の家で食べたんだよ。そして2時間半ほど話をした。ここまで世界でよく知られた人を演じる光栄を得た時、そこには大きな責任が伴う。これは僕がやった中で一番重要な役だと思うし、この経験をした気持ちを説明するのはとても難しいよ。そのステップのひとつは、もちろん外見をできるだけ彼に似せることだった。エルトンの人生には、大まかに言って4つの段階がある。最初はティーンエイジャー。この頃、彼の髪はまだ短くて、バディ・ホリー風のメガネをかけている。そして20代前半、ロサンゼルスのシーンでは、ロングヘアになる。その後は髪が減っていくので、3つ目の段階で、僕は髪の生え際を5センチほど剃った。最後の段階では、少しだけ髪の残った、禿げのカツラを被っている。外見を変えることで、自分の気持ちや身の振る舞いは、自然に変わるもの。20代後半、彼の人生が大きく変わった頃を演じるあたりではとくに、歯に少し隙間を作り、髪型を変えることで、僕は、自分ではないように感じることができた。自分自身と彼の混合版とでも言うのかな。彼を知っていくにつれ、僕は自分との共通点も見るようになった。もちろん僕は（彼みたいな）天才ではないよ。でも神経質になるところや自信のなさは、僕にもすごく共感できる。そういうのを演じるところでは、自分自身をたくさん使っている。僕は、感情的にすごく反応してしまうことがありがちで、情緒が不安定になってしまったりすることも、時にある。エルトンも、そうだった。そこは、自分自身と重ね合わせた。

——エルトンもバーニーもあなたたちが自分を演じることを祝福し、応援してくれました。そのことによって、肩の荷はおりたのでしょうか？

E　彼らはまだ完成作を観ていないんだよね。彼は僕のことをすごく応援してくれた。だけど彼らが映画を観るまでは、完全にリラックスできないよ。僕はアビーロードでレコーディングしている時も、ラフな状態のミックスを彼に送ったりしていた。僕はそんなことをする立場にはなかったんだけど（笑）、音楽に関して彼の了承を取ることは、僕にとってすごく大事だったんだよ。そして彼

は満足してくれたんだが、彼が映画を観るまでは、まだ不安があった。

――エルトン・ジョンを演じるにあたって、何を表現したかったですか?

E　25年前に作られたドキュメンタリー「Tantrums & Tiaras」でも描かれたし、エルトンにはいい時も悪い時もあったのは、もう周知の事実となっている。その真実をちゃんと語ることは、僕にとって大事だった。それが彼なんだから。僕らだって、それがあるから彼のことが好きなんだよ。だからセットにいる時、僕はそこの部分をむしろプッシュしようとした。それをやって怒らない一番の人はエルトンだと分かっていたしね。彼は自分のことをすごいものだと捉えていないんだよ。自分の優れた部分とそうでない部分を彼は理解していて、受け入れている。いろんなことを乗り越え、（依存症から）回復した今、彼は落ち着いているんだ。すごく正直でもある。僕はとても優しい側面と、アーティストとしての強烈な側面、両方を持つ彼を表現したかった。その組み合わせが、あのクリエイティブな天才を作り上げているのだから。その両方を見せないのは、正確ではない。

――アルコール依存症やドラッグの部分は、映画でどのように描かれているのでしょうか?

E　更生をするに当たって、彼は自分が過去に犯したミステイクすべてに直面しなければならなかった。どこで道を間違えたのか。そしてその結果いる今の自分を受け入れないといけない。今の自分を受け入れるのは、過去の間違いも含めて受け入れる以外に方法はない。この映画で僕の最初のセリフのひとつは、彼が自分の人生の問題を見つめるものだ。いわば、今までの人生を早送りで見つめるような形でね。エルトンの人生は、すごいスピードで進んだ。彼はそうやって過去をもう一度生きる。僕らもその視点から彼の人生を見るんだ。僕は自分のパフォーマンスを通じて、その部分をプッシュしたいと思った。今作は、薬物使用をかっこよく見せることはしない。エルトンの薬物の使い方は破壊的で、健康に非常に悪かった。そのせいで彼はすべてを失うかもしれなかったんだ。そこは、このストーリーの重要なところ。だけど、観ていて楽しいし、彼を祝福するような映画にもしたかった。そのバランスを僕らは取ろうとした。僕らがそれをうまくできたかどうかは、観てもらって判断していただくしかないんだけど。

――今作はまた彼のセクシュアリティや恋愛関係も恐れることなく描いているようですね。

E　僕はストレートの役者。その僕が超有名なゲイ男性を演じる。だけど僕はこれを絶対にしっかりやってみせなければと強く思っていた。彼の人生のその部分にも敬意を示す義務があると。映画の最初のほうに、僕と別の男性のラブシーンがある。それを僕はとても誇りに思っている。あれは、僕がやった初めてのラブシーンなんだ。社会がそれを受け入れない時代に、この2人の若い男性は恋に落ちた。あのシーンを僕は誇りに思う。ゲイのコミュニティにとって、彼は大事な人だ。僕らは彼の物語のその部分に敬意を払う責任がある。パラマウントも、それを理解してくれた。この映画でその部分をプッシュし、敬意を払うことが必要だと分かってくれた。あのシーンはと

ても素敵だと僕は思う。僕は満足している。

――あなたの衣裳はずいぶん変わりましたね。エルトンは極端なことを好む人ですが、そういう状況を演じるのはどんな感じでしたか?

E　映画の最初のほうのステージ演奏のシーンではとくに、彼の派手なパーソナリティを表現する必要があった。衣裳デザイナーのジュリアン・ディはとても優秀な人で、エルトンが着たとおりの服を再現するだけでなく、新しいデザインを含めることもしている。僕の一番のお気に入りは、オレンジの、背中に羽があるやつだ。スワロフスキーのクリスタルがくっついているので、あれは撮影中、洗濯できなかったんだよ。だけど、僕はあまり何も身につけていない状態も楽しんだ。パンツだけとか、バスローブだけとか、そういうのはなんだか解放される気がした。僕はナイスボディでない状態でいる時期のほうが多いし、エルトンもいい時と悪い時があるが、「いいじゃないか。俺はこれでいいんだから」と言うことには、すごい開放感がある。それを受け入れて、ただ楽しむんだよ。エルトンは常識の境界を先に推し進めた人。無意識状態になるほどまでに、彼はそれをやった。この映画もそうでないといけない。そういうシーンを僕はとても楽しんだよ。彼は恥じることなく、自分を祝福している。そして僕らも、自分たちがいかに彼を愛しているかを祝福するんだ。若き日のエルトンをね。うまく説明できないんだけど。

――デクスター・フレッチャー監督とのお仕事はいかがでしたか?

E　デクスターと僕は4年前に映画を作っているんだ。『イーグル・ジャンプ』という、スキージャンパーについての映画だよ。今作を始める前、僕は『キングスマン』をやったところで、次に何か違うものをやりたいとは思っていた。でも、これに関して僕はかなりナーバスだったんだ。だけど、デクスターはとにかく「できるよ!」という姿勢の人なんだよね。彼はすべてに前向き。それにセットでは、全員の名前を知っていたよ。それぞれ違った時に映画に出したりもしていた。そうやってみんなに仲間入りさせていた。本当に、ヒエラルキー（上下関係）のない現場だったよ。みんな、そう感じていたよ。上も下もないんだ。楽しいセットなんだ。その一方で、集中力もすごかった。自分たちの背負う責任とプレッシャーを、みんな、絶対に忘れることはなかった。でも楽しんでもいたんだ。僕は個人的に、クリエイティブなことをやる時には、絶対に楽しさがなければいけないと思っている。喜び、楽しみがなくアートを作ろうとすると、息吹が生まれないと思うんだ。僕は本気でそう信じているよ。結局は、子供が遊んでいるようなものなんだから。デクスターは、遊び心を最もたっぷり持った人。彼は52歳なんだけど、12歳み

たいだよ。すごく良い意味でね。彼となああと20回でも組みたいよ。

――エルトンの音楽を、若い人はどう受け止めるでしょうか？

E　エルトンの音楽は、まだ今もラジオでよくかかっているよね。だけど、この映画がきっかけになって、若い人が、聴いたことがなかったエルトンの曲も聴いてくれるようになるといいなと思っている。若いといっても、ある程度ね。これは子供向け映画ではないので（笑）。彼の音楽は幅広い人にアピールする。彼の曲がヒットしたのは、必ずしも時代のせいではないと僕は思う。１９７１年に彼が歌った曲は、今聴いても、まだ最高に素敵だ。僕とジェイミーは彼の初期からの音楽を聴き直したんだが、彼を有名にした70年代の曲の数々には、圧倒されたよ。「Taking Me to the Pilot」（「パイロットにつれていって」）とか「Border Song」（「聖なるモーゼス」）とか。人がこの映画を通じてエルトンを再発見してくれることを僕は願っている。もちろんそういうのは計画できないことなんだけどね。

――この役を演じたことで、あなた自身はどう変わりましたか？

E　僕が初めてエルトン・ジョンという人を知ったのは、5歳の時だと思う。5歳か6歳の時に『ライオン・キング』を観たんだ。12歳の時に「The Greatest Hits」（「グレイテスト・ヒッツ」）がリリースされて、僕と義父はあのアルバムを一緒に聴いた。ちょうど母が義父と付き合い始めた頃だったよ。以後、義父は僕にとって人生でとても大事な人だ。17歳の時にはドラマスクールのオーディションで彼の歌を歌ったが、受からなかった（笑）。そんなふうに、彼はずっと僕の人生にいたんだよ。そして２０１６年、自分がヒット映画（『キングスマン』）に出たのだという事実をまだ飲み込めないでいた時に、「エルトン・ジョンを演じないか」と言われたのさ。「でも、ご本人は僕が演じることをどう思うのでしょうか？」と聞くと、「本人は賛成だ」と言う。信じられなかったよ。僕はこの経験にものすごく満足している。大変な仕事だったけどね。この18ヵ月は今作のためのレコーディングや、変更や撮影の後またやり直しや、ずっとこれだった。だけど、何の後悔もない。もう一度やれと言ったら、喜んでやるよ。本心からそれを言えることって、めったにないことだよ。それにエルトンという人を知ることもできた。あんな卓越した人と、コネクションを感じることができた。今でもまだこれが起こったことが信じられないんだよ（笑）。考えると、泣きそうになるんだ（笑）。（映画の撮影後）僕は彼をインタビューしたんだが……ああ、これは言っちゃいけないのかな。パラマウントを怒らせるかな。とにかく、その時だって、彼を前にして感激が湧いてきたんだよ。本当に、素晴らしい経験だった。

Photo by Megumi Torii / www.HollywoodNewsWire.net

ジェイミー・ベル
Jamie Bell

「バーニーのキャラクターは、エルトンを常に励ましてあげる。君には才能がある、持って生まれた才能が、と」

構成＝編集部

―エルトンのパートナー、バーニーを演じるというのは、どんな感じだったのでしょうか?

ジェイミー・ベル（以下B） バーニーが書いた歌詞は広く知られているけれども、彼の写真を見て誰か分かる人はそんなに多くない。彼の声の録音を聴いても、分からない人が多いと思う。だから、僕の場合は、（タロンほどの）責任の重さはなかった。自分で作り上げていい部分も、結構あったんだ。タロンは、それが許されなかった。彼はエルトンという、ものすごく有名で、象徴的な人物を演じなければいけなかったんだ。僕にはそれと同じほどのプレッシャーはなかった。そこまで人々に細かくチェックされることはないと思えたから。

―エルトンとバーニーの、真の友情をスクリーンで描くのは、難しいと思います。どのような準備をされたのでしょうか?

B そこは、ちょっと変えさせてもらったんだよね（笑）。本当のはずはないと（笑）。彼らはとても面白いコラボレーションのやり方をしていた。絶対、同じ部屋で仕事をしないんだ。彼はひとりで歌詞を書き、それをエルトンに渡して、エルトンは自分の部屋で作業をする。そんなふうに仕事をするサクセスフルなコンビがほかにいるのかなと思うよ。僕はエルトンの歌が前から好きだったが、リサーチの過程で、もっと好きになった。この映画のバーニーのキャラクターは、エルトンを常に励ましてあげる。「君には才能がある、持って生まれた才能が」と。それは本当だ。エルトンには、人に喜びをもたらす才能がある。彼の音楽を聴くと、人は幸せになる。僕は息子を寝かせるのにエルトンの歌を聴かせるんだよ（笑）。あれを聴きながら眠りにつくのは素敵だよね（笑）。彼が書くメロディには、喜びを喚起するものがあるんだ。だから、演じる僕にとって、エルトンを励まし続けるというのは、自然にできることだった。僕自身も、アーティストとしてのエルトンを本当に尊敬しているからだ。そこは、僕にとってすごく簡単だったな。もっとも簡単だった部分と言っていい。それにバーニーは、映画の中でずっと同じでい続けるキャラクターなんだ。彼（エルトン）の生活は変わるし、時にはすごく自信がなくなって、絶望的になったりもするんだけど、バーニーはしっかりとした柱としてい続ける。エルトンにはそれが必要だったんだよ。誰だってそうだよね。成功が訪れる前から自分を知っている、地に足についた友達は、必要だ。

―エルトンもバーニーもあなたたちが自分を演じることを祝福し、応援してくれました。そのことによって、肩の荷はおりたのでしょうか?

B 他人のレガシー、それもよく知らない人のレガシーを引き継ぐというのは、とても恐ろしいこと。しかもそれはみんなに尊敬されている人

物なんだから。僕はバーニーと彼の妻に会うために、サンタバーバラまで出かけていった。そこでしばらくおしゃべりした。彼はとても普通の人だよ。とことんポジティブな人。少なくとも、映画を観る前の今はね（笑）。いや、僕ら2人にとって、この人たちを演じる責任は重かったよ。本人たちが認める形で彼らを表現したい。演じる立場としては、自由もほしいし、自分で作れる余地も必要だが、その人からはずれることをやって怒らせることはしたくない。だから常にその人のニュアンスを十分に意識しながら、演技をするようにしていた。

——衣裳はいかがですか？

B　僕はずっとジーンズ姿だったんだけどね（笑）。でも（衣裳のパンツは）ちょっときつかったよ。

——デクスター・フレッチャー監督とのお仕事はいかがでしたか？

B　彼に会ったことがある人は分かるだろうけれども、彼はすごくエネルギーに満ち溢れた人だ。彼は俳優出身なんだよ。俳優がみんなエネルギーに溢れているというわけではないけれど、彼がセットに持ち込む生き生きとした雰囲気に、僕はいつも驚かされた。監督は何においてもコントロールしたがるものだが、彼はみんなにやりたいことをやるよう奨励する。「さあ、何かクリエートしてみてよ」とね。そんな彼のエネルギーは、みんなに伝染する。この映画にそれは必要だった。すごくワイルドなやり方で操縦する船長にいてもらわないといけなかったんだよ。そういうニュアンスが必要な映画だから。彼はとてもいい人。前にもいい映画を作っているし。でも最初に話した時に思ったのは、こういう映画を手がけようとしているなんて勇敢だなということだった。これは実現させるのが難しいタイプの映画。パラマウントからゴーサインをもらうのも簡単ではない。でも彼は最初からすごい情熱を持って挑んでいた。監督がみんなそうだというわけじゃないんだよ。

——エルトンの音楽を、若い人はどう受け止めるでしょうか？

B　エルトン・ジョンをミュージシャンとして認めなかった時期があったというのは面白いよね。彼は「Empty Sky」をリリースし、次に「Elton John」を出した。それが2枚目のアルバムだったんだが、イギリス人は評価しなかった。「ノーサンキュー」「あまり良くないね」って感じだった。L.A.に行くのは、最後の賭けみたいな感じだったんだよ。そしてトルバドールで演奏したら、大受けした。アメリカのおかげなんだよ。あの夜、あそこにいた人たちのおかげ。彼はあの300人の観衆を、興奮の極地に連れて行った。そうしたらイギリス人は急に「この人、僕らの国の人ですから」となったわけさ（笑）。狂ってるよね。

——この役を演じたことで、あなた自身はどう変わりましたか？

B　これは大きな光栄だったよ。僕は彼がやってきたことをひとつひとつ振り返った。エルトンは、5日連続ドジャースタジアムでライブをやったりもしたが、以後、同じことをやった人はひとりもいないんだよね。そのドキュメンタリーも観た。バーニーと彼がどうコミュニケーションを取るのかも観た。それを観ていると、彼らはごく普通の人のようだ。3枚連続でナンバーワンのアルバムをリリースした人たちなのに。バーニーにとっては、断じて成功しなければいけないことだったんだ。でないと彼は農家に戻って鶏の世話をしないといけなかったんだよ。彼は必死だった。そして音楽への強い情熱もあった。究極のところは、それだよね。バーニーは優れた詩人。今作のおかげで、僕は彼を知ることができた。エルトンを初めて見たのは、カンヌ映画祭だ。『リトル・ダンサー』が上映された時だよ。彼は大泣きしていたよ。彼は『リトル・ダンサー』の大ファンなんだ。自分と父との関係が重なるらしい。そこはこの映画でも語られるよ。その意味で彼は、僕の人生において大事な存在だった。いや、多くの人にとって、彼は人生で大事な存在だよね。これは、彼の人生のセレブレーション。それに彼は生き延びた人でもある。彼はいろんな障害を乗り越えてきた。そして今もまだここにいる。彼のそんなところが好き。そこをこの映画がしっかり捉えたことを願う。

リチャード・マッデン
Richard Madden

「ジョン・リードの中にある
真実を可能な限り見つけ
出そうとしたんだ」

文＝高野裕子

エルトンの恋人であり初体験の相手、そして70年代はマネージャーも務めたジョン・リード。当時は常にきりっとスーツを着こなした、華麗な英国紳士という評判があった。本作では、エルトンを心理的に操った浮気な恋人として描かれる。このイケメン・マネージャーを演じるのがリチャード・マッデンだ。

個人的にはディズニーの実写映画『シンデレラ』の王子役で会って以来5年ぶりの取材となった。当時は「ゲーム・オブ・スローンズ」のロブ・スターク役として注目され、またケネス・ブラナー監督の舞台「ロミオ&ジュリエット」にも挑戦。甘い容姿の王子役が続いたが、去年BBCの政治サスペンス「ボディーガード -守るべきもの-」で首相を守る主役ボディーガードに抜擢。命をかけ任務を遂行する孤独な男を演じ大ブレーク。イギリスでは時の人となった。

――『シンデレラ』でインタビューしたことがあるんですが……。

リチャード・マッデン（以下M）　うわ～。それは大昔のことだな。あの映画でもダンスしたんだよね。

――撮影は緊張しましたか？

M　何度やってもダンス・シーンは怖かったな。撮影現場には40人くらいプロのダンサーがいて。彼らに混じって踊らなければならないかと思うと、緊張したよ。みんなスタイルも良く筋肉もひきしまっていて、そこに混じるって気がひけたよ。撮影が終わってそのシーンを観直すと、自分だけがどうも決まっていなくて、惨めな気持ちになったんだ。

――今回は歌にも挑戦することになりましたね。カメラの前で歌った気持ちは？

M　それもまたすごく大変だった。この映画で僕が学んだことは、歌うことも物語を語る1つの方法であり、演技と同じだということだよ。だから今回は歌を通して物語を語るという、新しい方法を学ばなければならなかった。

――音楽マネージャーのジョン・リードは、善悪がはっきりしない微妙な位置にいますが、そんな彼を演じることのキーは何でしたか？

M　彼の中にある真実を可能な限り見つけ出そうとしたんだ。人の目から見た悪い人間というのは、内部に自分の思惑や意図というのがある。彼の中にあるそんな要素を紐解こうとしたんだ。彼の思惑というのは、この物語に沿って変化していくし、その重要なポイントを押さえていこうとしたんだよ。

――重要でありながら観客に嫌われ

るという役で、これまでの役とはガラリと雰囲気が異なりますね。その点苦労しましたか？

M　脚本を練り、その中から役が出てきたという感じかな。ジョンはエルトンの人生のいろんな局面を劇的に動かすきっかけを作る人物だったという事実が重要だと思った。そんな人物を演じようとしたんだよ。彼は魅力があって人を惹きつける力がある人だったという評判があったから。でも、基本的には脚本に忠実に演じようとした。

―ジョンは恋人でもあったわけですが、ラブシーンは大変でしたか？

M　どんな映画でもラブシーンというのは、くつろいでやれるものではないよ。特に今回は難しかった。というのもあのシーンはエルトンにとっての初体験シーンでもあったから。また恋愛によって結ばれたというシーンでもあったから、2人の親密な関係を自然に表現するのは大変だった。

―映画の中で使っているのは、あなた自身の地のスコットランド・アクセントですか？

M　そうなんだ。自分のアクセントそのまま。実はジョン・リードと僕はスコットランドの同じ町の出身なんだよ。もちろん出身地が同じだからこの役に選ばれたわけではないけど、ぴったりの俳優だったから抜擢されたのかな。でも出身地が同じだからといって、彼を演じるのが簡単だったかと言えば、答えはノーだよ。

―タロンとはかなり仲良くなったそうですね。

M　撮影中に、お互の自宅に招いて食事したりしたんだ。

―特に心に残る思い出は？

M　たくさんあるよ。でもこの映画の思い出の中で最大の思い出と言えば、カンヌ国際映画祭でデクスター監督、タロンと一緒に劇場に座って完成作を観たことだよ。これほど素晴らしい作品が完成し、彼らのことを本当に誇りに思っている。彼らがこの映画のために費やした努力はとてつもないし、タロンはすべてを賭けて役に取り組んだ。彼の演技は素晴らしいし、そんな彼と良き友になれたのはとても嬉しいよ。

―エルトンには何度か会いましたか？　彼と一緒に仕事した体験はいかがでしたか？

M　ワンダフルな体験だった。彼のことを友達と呼ばせてもらって光栄に思っている。エルトンは、とても思いやりのある愛情の深い人だよ。いつも一緒にいるのが楽しい人でもある。

―エルトンのヒット曲をリアル・タイムで覚えているのは若すぎると思いますが、エルトンの曲で好きな曲は？

M　「Bennie and the Jets」（ベニーとジェッツ／やつらの演奏は最高）、「Your Song」（僕の歌は君の歌）なんか。この映画はヒット曲が満載だから。リアル・タイムでは体験していないけれど、子供の頃からエルトンの曲を良く聴いていたから、どれも馴染みのある曲ばかりだよ。

―エルトンとジョン・リードの関係、また両親との痛々しい関係、それらがこの映画の重要な部分になっていますが、脚本を初めて読んだとき、どう感じましたか？

M　エルトンがこんなに辛い人生を送ってきたんだと知って、とても痛々しく悲しい気持ちになった。彼の音楽は愛や、思いやりにあふれいるからなおさらのこと。だからそれが人々の気持ちを揺さぶるんだと思う。

―カンヌ国際映画祭で観客とともに完成作を観た感想は？　タロンは泣いていたようにも見えましたが？

M　ただただ圧倒されて、感激かな。昨晩はとても雰囲気が良くて感動的な夜だった。多くの人が何年も積んできた努力のおかげて、僕らがここまで来れたので、彼らの労をねぎらえるような、すごく良い反響だと感じた。本当に嬉しかった。

―あなたはダニエル・クレイグの後任ジェームス・ボンドだという人もいます。昨夜白のタキシードを着ていらっしゃったので、決まりでしょうか？

M　候補になるかも、というだけだよ。それだけでもすごく光栄だけれどね。でもただの噂だよ。来週には、別の名前あがると思うよ。

ブライス・ダラス・ハワード

Bryce Dallas Howard

「今回の仕事でとても嬉しかったのは、キャストやスタッフ全員が仲良しで、多くのことを共有させてくれたことよ」

文＝高野裕子

エルトンの音楽とファッションが好きで、派手やかな母シーラを演じるのは、米国俳優ブライス・ダラス・ハワードだ。ロン・ハワード監督を父親に持ち、家業は代々俳優やエンターテイナーという環境で育った。演劇学校では優等生でナタリー・ポートマンと同級生。赤毛の美女で、よくジェシカ・ジャスティンと間違われることもあるという。デビューはブロードウェイのミュージカル、つまり歌が得意の俳優である彼女だから、今回の役はまさにはまり役だ。昨年『ジェラシック・ワールド／炎の王国』に出演したことが記憶に新しい。本作では60年代のカラフルなドレスに身つつみ、英国英語にチャレンジすることになった。

――エルトンのお母さん役、ロンドン郊外に住むイギリス人女性になるためにどんな準備をしましたか？

ブライス・ダラス・ハワード（以下H） 実は役作りの準備はとても短かったの。何しろ役に決まったのが、6日前、撮影開始まで1週間もない時だったから。何をしたかと言えば、彼女のことを知っている人たちから、どんな人だったかについて話を聞いたの。またエルトンの知り合いにも話を聞いて、エルトン側の視点、長年にわたる母と子の関係についてもリサーチした。そして衣裳を着けたの。あのヘアースタイルやメイクアップをして、あのドレスを着ることで、当時の世界にタイムスリップできた。とてもワイルドな体験だったわ。

――エルトンとお母さんの関係というのは、この映画の重要なテーマのひとつでもあるわけですが、脚本を読んで感じたことは？

H　この映画の物語の軸になっているのは、幼い時に愛してもらえないと知った人間の心の旅だと思うの。幼い時に両親から100％愛情を注いでもらえなかった人の話なの。それに加え自分のセクシュアリティへの自覚、また同様にその点でも愛情を獲得できないのだと感じる。エルトンは天才的な音楽の才能に恵まれ、神童と言われながらも、20歳までにはプロとなり、着々とアーチストとして成功し、25歳までには億万長者になった。それは驚くべき人生の道筋だったと思う。アーチスト、パフォーマーとして大成功を収めながらも、内部では愛情にうえ、満たされたことはなかった。とてつもない孤独感にさいなまれることになった。その部分はこの映画が物語ろうとすることの大きな部分を占めているわ。特に若い頃の人生に大きな影響を与えた。彼はとても苦しんだわけなの。

――エルトンと、お母さんについての会話を交わす機会はありましたか？

H　いいえ。実はエルトンには、先日まで会ったことがなかったの。でも多くの知り合いの人とは話をしたから、それがとても役に立ったわ。特にタロンは、エルトン自筆の日記を実際に読んでいたので、彼からその中に記されていたパーソナルな逸話を教えてもらった。それも非常に貴重だったわ。

――タロンはエルトンを見事に演じましたが、彼との共演はいかがでしたか？

H　素晴らしかった。とても美しい人だわ。自分のすべてをこの映画のために提供した。すべてをなげうってやるというのは、とても難しいことだわ。そしてとてつもなく才能のある人。彼がエルトンになって歌い、ダンスし、パフォーマンスするところを身近に見られたのは、光栄だったわ。

――カンヌ国際映画祭で観客と同席し、完成した映画を観たときの気持ちは？

H　涙が出そうなほど感激した。私たちはバーニー・トーピンとエルトンがまだ元気で現役で活躍している現在に、この作品を世に出すことができたのは素晴らしいことだと思う。映画上映の後にエルトンとタロンが共演しステージで歌ったのを体験できたのも素晴らしかった。普通なら誰かの人生を描いた作品が作られる頃には、本人は他界している場合がほとんどだから。その喪失感が一切なかった。完成後にあるのは、ただ喜びだけ。それからエルトンが何席か向こうで泣いているのを目撃し、それは信じられないくらい夢みたいな瞬間だった。この思い出の一部になれたなんて、光栄に感じているわ。

――上映後、エルトンから母親役の演技について、コメントはもらいましたか？

H　実は今回の出演はあれよ、あれよという間に話が進展したの。私にこの役を演じないかと声がかかったのは遅かった。私は何も分からないまま撮影所に到着したら、もうみんなのリハーサルは済んでいて、映画製作真っ只中、という感じだったの。あっちの部屋ではダンス、こっちの部屋では歌を目撃し、「うわ～本格的なミュージカルなんだ」と実感した（笑）。それから、この作品はタロンの演技があっての映画なんだという点が明確に伝わってきた。だから現場では、常にタロンとデクスターとの話し合いを大切にしたわ。今回の仕事でとても嬉しかったのは、キャストやスタッフ全員が仲良しで、多くのことを共有させてくれたことよ。もしも私とエルトンが一対一で協力しあったとしても、あそこまでは達成できなかったと思う。だから、私はエルトンとは撮影時には直接会えなかったけれど、多分それは必要なかったからかも。

――ロックバンド、ミュージシャンの映画が多く製作され、公開されていますが、飽和状態になりつつあると感じますか？

H　現在の映像業界の変化は急激でTVもVOD（ビデオ・オン・デマンド／視聴者が観たい時に様々な映像コンテンツを視聴できるサービス）など、とても活気があって素晴らしいと思う。だから映画界もレベルをあげていかないといけないと感じる。劇場まで観客に足を運ばせる映画とは何かを考える必要があるわ。それは圧倒的なスペクタクルってことよね。劇場まで行きチケットやポップコーンを買い、予告編が流れて、映画が始まるのを待ってなどなど。観る価値のある映画でなかったら、人はそこまでやらないと思う。観客は劇場には体験や共有できる思い出を求めていくのだと思う。だから、ミュージシャンの物語で音楽も良くて、となると、まさに音楽映画はスペクタクル満載の映画ということになる。だから音楽映画への需要はまだまだあると思うわ。

デクスター・フレッチャー監督

Dexter Fletcher

「この作品は伝記映画ではないんだ。これはエルトンがその時どう感じたのか、その楽曲が彼にとってどのような意味を持っているのか、そういう記憶や回想を集めたものだ」

文＝ブラッド・バルフォー／訳＝長坂陽子

――エルトン・ジョンの曲「ロケット・マン」を使ったシーンは、私たちが実際に知っている本物の曲をファンタジーの世界に流すことで、全てを凝縮して表現しています。あのシーンのイメージをどのように思いついたのですか？

デクスター・フレッチャー監督（以下F） あのシーンは脚本家のリー・ホールのおかげなんだ。僕が読んだ脚本ではエルトンがプールにいるシーン、あれはこの作品をとても面白いものにしているものだけれど、あのシーンは我々にはコントロールできない、人生におけるファンタジーの要素と超現実的なものをパフォーマンスという現実世界へと置き換え、その後、再びクレイジーで想像の世界のものに戻す、稀有なものなんだ。あのシーンはこの映画のコアそのものだ。この映画ではエルトンが高く舞い上がり、明るい光を発して燃え、青のシーンにはかなりの予算をかけたよ。あのシーンは観客がステージの裏にいるエルトンを見て、そこで起きているのがどん底を経験している人間の物語であることに気がつくことができる、素晴らしい瞬間なんだ。彼がドアから飛び出しすべてが止まってしまったとき、何かが深みに沈んでいく。「ロケット・マン」はこの映画の音楽的な支柱だ。ファンタジーから境界を超えて現実に入り込み、再びファンタジーへと戻っていくからだ。

――プールから病院へとシーンが変

わる感じが好きです。

F 僕はシルエットをとても愛しているんだ。何か他の用事であの場所に行ったとき、巨大なガラス窓があるのを知った。1日のうち、ある時間にとても美しいシルエットが撮れることも分かったんだ。もともとは病院のパーティーションを通して撮るつもりだったんだ。でもそのガラス窓とその向こう側に太陽があるのを見て、バレエのようなシーンが作れることに気がついた。

――それは全てのシーンをあらかじめ計画できないという事例そのものですね。

F それが僕の仕事の仕方なんだ。もちろんストーリーボードはある。でも僕はどこかに出かけたときに、この場所で撮ろうというアイディアをよく思いつく。それを物語を作るための枠組みとして使う。僕にとって大切なのはできるだけ早い段階で撮影場所を見つけ、その場所で何が起きるのかを明確に捉えることなんだ。

――ファンタジーになってしまうことを心配するような事態に陥ったことはありませんか?

F あまりにも普通になってしまうことの方が心配だった。ファンタジックなシーンが始まると僕はとてもワクワクするね。素晴らしいと思うし、映画全体をこういうファンタジーにしよう！ と考える。でもバランスが必要だ。音楽が流れ、ダンサーたちが登場するファンタジックなシーンだけれど、風景は平凡でありふれた郊外なんだ。僕はその2つを結びつける細胞を保ち続けたい。

――「Saturday Night's For Fighting」(「土曜の夜は僕の生きがい」)はまるで1940年代のミュージカルのナンバーのように聞こえます。このシーンはどのように思いついたのですか?

F 脚本には、レジーが通りを走ってくるとみんなが喧嘩をしている、そして人々は歌い踊る、と書いてあった。それが僕の撮らなくてはいけない内容だった。僕がやりたいと心から思ったのは若いレジーを若いテリーに変えることだった。同時に両親の束縛や家族との生活から自由になり、外の世界を見た若い男を描くシーンにしたかった。あのカラフルで想像に溢れた世界は文化的、音楽的な影響に満ちている。だから移動遊園地の会場は場所としてぴったりだったよ。移動遊園地は光と色、魔法でいっぱいだからね。それにエルトンが広い世界を知るきっかけになる、多様で興味深い人々を背景として与えてくれる。1949年に映画化された『踊る大紐育』は文字通りミュージカルを映画化するという試みを実現させた最初の作品の1つだけれど、あの中でジーン・ケリーとフランク・シナトラがニューヨークで飛び回るエネルギーは否定できない。あのような映画の持つエキサイティングな要素を僕はいつでも愛している。だから僕はエルトンが大人になるまでの一連の物語を作ろうしたんだ。

――あなたは子供時代に俳優として、アラン・パーカー監督の名作『ダウンタウン物語』に出演していますね。

F 『ダウンタウン物語』に出演した子供時代からアラン・パーカーの大きな影響を受けている。あの作品は彼が初めてカンヌで上映した作品で、絶賛された。彼らは映画のフィルムをフォルクスワーゲンのビートルに乗せて、カンヌまでドライブしていったんだ。ポール・ウィリアムズの素晴らしい音楽をかけてね。あの作品に出演したことで、僕の周りの小さな世界の中で有名人になった。学校では〝『ダウンタウン物語』に出ている子〟になったんだ。アラン・パーカー監督の作品は全て音楽とドラマが素晴らしい形で混ざり合っている。『ピンク・フロイド/ザ・ウォール』も『エンゼル・ハート』も『ミッドナイト・エクスプレス』も。『ザ・コミットメンツ』はミュージカルとはあまり言えないけれど、素晴らしい音楽を使うことで心の闇を表現している。アラン・パーカーと僕はロンドンの同じエリアの出身なんだ。僕が初めて作ったミュージカル映画はエジンバラを舞台にした『サンシャイン/歌声が響く街』だけれど、パーカー監督はとても応援してくれたし、支えてくれた。だから彼と比較されるのは嬉しい。彼の作品の素晴らしさの10分の1でも僕の作品が実現できていたら、これ以

上嬉しいことはない。

——パーカー監督はこの作品を観たのですか?

F　まだ観ていない。金曜日にこの作品を仕上げて、僕はロンドンのドルビー・システムで観たんだ。翌週の木曜日にはバーニー・トーピンやエルトン・ジョンと一緒にカンヌにいた。映画が仕上がったのはそのわずか4日前だったのに。「僕たちは何を完成させたのだろう?　なぜここにいるんだ?」と思う暇もなかった。この1ヵ月、このことについて考える時間がなくて慌ただしかったんだ。

——作品を作るためには監督と主演俳優としていい相性が必要だったと思います。彼に初めて会ったときの様子を教えてください。

F　タロンとは映画『イーグル・ジャンプ』(スキージャンプオリンピック代表選手だったエディ・エドワーズについて描いた伝記映画)で一緒に仕事をしたことがあるんだ。素晴らしいコラボレーションだったよ。偉大な俳優は真実を探し求めるものであり、タロンとはそれについてたくさん語り合った。エディについてもいろいろ話し合ったよ。だから『ロケットマン』の話がきて、マット・ヴォーンが電話で「タロンがエルトンだよ」と言ったとき、その一言を聞いただけで僕にはこの作品がワクワクするものになるのが分かった。タロンはこの作品にぴったりだった。僕たちはすぐに全力でこの作品に取り組み始めた。すでにお互いのことは知っていたし、一緒に仕事もしたかった。彼の声には素晴らしいものがあるのは分かっていた。

——エガートンの歌に関してはいかがですか?

F　歌に関してはやらなくてはいけないことがあった。タロンが自分はどちらかというとバラードを歌うタイプのシンガーだと言ったから、僕は彼をロック寄りの発声法に仕向けていかなくてはならなかったんだ。それはまずエルトンが始めてくれた。タロンに「僕のまねをしないでくれ。僕の歌を君が歌うんだ」と言っていた。僕たちはエルトン・ジョンの音楽でミュージカルを作ったけれど、理論上は誰の物語でもいいんだ。この映画はエルトンと彼の人生を描いたものだ。でもこの作品にはエルトンだけに限らない、普遍的なものがあると思う。だからこれは伝記映画ではないんだ。これはエルトンがその時どう感じたのか、その楽曲が彼にとってどのような意味を持っているのか、そういう記憶や回想を集めたものだ。「I Want Love」は1980年代に書かれた曲だけれど、僕はそれを1956年のシーンに使った。物語に合うからだ。現実とは時期がずれている。

——タロンとエルトン、あなたが最初に顔を合わせたときのことを教えてください。

F　タロンとエルトンと一緒に過ごしたのは、リハーサルのときだ。僕たちは6～8週間にわたってリハーサルをした。エルトンはオープニングナンバーを聞く観客たちと一緒に来てくれたんだ。彼が現れたときには映画に関わっていた全員が興奮して大騒ぎだったよ。僕たちはエルトンのすべてに没頭して取り組んでいた。どれくらいエルトンに取り憑かれていたか、エルトンには分からないだろうね。彼がどこで育ったのか?　どんなおもちゃを持っていたのか?　彼の持っていたピアノの種類は?　彼はどの学校に通ったのか?　近所に住んでいたのはどんな人たちなのか?　製作のあらゆる部門がそうやって質問していた。そしてエルトンは「ああ、それについては覚えているよ」と話してくれた。エルトンが僕たちのところに初めて来た日、みんな子供みたいにはしゃいでいた。次に彼と同じ場所にいあわせ、その記憶が残っているのはカンヌだ。すべてがあっという間に起きた。僕も彼もタロンも泣いていた。僕の妻は呆れたみたいに首を傾げていたよ。エルトンは寛大にも僕たちにこの映画を作らせてくれた。僕たちは自分たちが望んだり必要としたりしている方法で常に自由に物事を進められるとは限らない。エルトンはこの作品がこの作品らしいものにならなくてはいけないことも、この作品には自由が必要なことも分かっていた。より深い場所まで自由に追求していくこと、それをエルトンがどう思うのかを気にしないことが必要だった。実際エルトンは問題にしなかったよ。「これは傑作だ。この作品が大好きだよ!」と言ってくれた。これ以上の言葉はない。

——エルトン・ジョンはこの時代を生きていますが、当時のあなたはもっと若かったですよね。タロンは生まれてもいません。あなたとエルトンの記憶をどのように融合させ、ど

のようにタロンに伝えたのでしょう？

F　歴史的な状況を伝えることが大事で、今の社会では当然なことがそうでなかったことをタロンが理解できるよう手伝った。何にどう失敗すると人生はどうなるのか。１９７１年に撮られた優れたドキュメンタリーがある。エルトンが初めてアメリカから帰ってきたときのものだけれど、その中で彼は自分のアパートメントの部屋でピアノのそばに座り、どうやって曲を作るのかを話している。彼は「バーニーは『Tiny Dancer』（「可愛いダンサー」）と呼んでいるのだけれど、その歌詞をくれたんだ」と言い、ピアノの前に座って最初の詞を読む。それがどのような曲になるのか考え、バラードにしたいと話す。１９７１年のドキュメンタリーで"Elton John writing Tiny Dancer"というタイトルだ。素晴らしい瞬間だよ。この瞬間を、僕はエルトンが「Your Song」（「僕の歌は君の歌」）を作ったシーンで描いた。ドレッシングガウン姿のエルトンが紙に卵がついていると文句を言っている。でもこの瞬間にポップミュージックの中でもっとも素晴らしいナンバーの1つが作られたんだ。才能には環境は関係ないという話なんだ。エルトンの母親を例に見てみよう。彼女がエルトンの父である男と別れ独立した女性になりたいと思ったとしても、１９５８年では彼女は住宅ローンを組むことも、クレジットカードを持つこともできない。今の僕たちが当たり前のことが、この映画の中で描かれた時代ではできないんだよ。愛のない結婚から逃れようとしている女性にしたら、そういうことは相当な影響を及ぼすことになるだろう。あの時代では、そうならざるを得ない状況であったことを描いているんだ。これは歴史上の現実を掘り返す作業の1つでもある。イギリスではやっと１９６９年に、ゲイは合法化された。たった50年前の話だよ。あなたがどう感じるかは全く関係なく、自分は犯罪者であるという考えにさせられていたんだ。「この頃は携帯電話がなかったんだ」という話だけでは済まない。話し合うべき、もっと意味のある問題なんだ。

――この作品を舞台として考えたことはありますか？　その場合、この作品に対する考え方は変わりましたか？

F　僕はどんな役でも演じてみたい。この作品がブロードウェイの舞台のように壮大なものとして再びイメージされることがあれば素晴らしいと思う。きっととてもエキサイティングなものになるだろう。見たくない人がいるかい？　この作品はブロードウェイのために考え出されたものではない。映画のために考えたものだ。映画も巨大なパレットではある。フェスティバルの会場の周りを50人のダンサーたちが踊っているのを見せるために、巨大なクレーンを用意

して高い位置から撮影できるのは分かっていた。僕はそういう映画ならではの要素を使うのが好きだ。ブロードウェイの舞台にするためには、いろいろと考え直さなくてはならないよね。

——あなたの好きなエルトン・ジョンの楽曲はなんでしょう？

F　エルトンとバーニーが初めてロサンゼルスに行き、トルバドールクラブを訪れるシーンに使われている「Amoreena」（「過ぎし日のアモリーナ」）が好きだ。

——ファンタジックな映画を作るという見地から、映画監督としてこの映画に使いたかった楽曲はありますか？

F　「Someone Saved My Life Tonight」（「僕を救ったプリマドンナ」）は素晴らしいトラックだ。映画に使おうと考えていたときもあった。自殺を試みるシーンでね。エルトンが人生で自殺を考えたことは2回あり、映画ではコミカルなものとして描かれている。でも僕はそれが正しい表現だとは思わなかった。結論を言えばそれは非常に深刻なテーマだと思うから。「Someone Saved My Life Tonight」はタロンの好きな曲だった。富の持つ、きまり悪さを歌った歌だ。たくさんの素晴らしい曲がありヒット曲も次々と生まれていた。この映画には20曲以上の楽曲が使われているのだけど、きっと僕はたくさんの曲を詰め込みすぎているね。「Nikita」（「悲しみのニキータ」）も好きなのだけれど、僕は変わっているから。

——私が好きなのは「My Father's Gun」です。この映画はドルビーと提携し、楽器の音を取り入れるのにサウンドミキシングをしています。この映画のためにエルトンのサウンドシステムをどれくらいリサーチしましたか？

F　僕たちに発見できたという点ではドキュメンタリーフィルムがそのリサーチになる。でもこの映画の素晴らしさは、タロンがライブで「Crocodile Rock」（「クロコダイル・ロック」）や「Your Song」のような歌を歌うのに技術を使うことができたことにある。ジャイルズ・マーティンが製作に加わっていたのだけれど、アビーロードにひょっこりやってきて再レコーディングをしてくれた。サウンドミキシングや音楽、器楽の編成法に関して、僕たちにできた素晴らしいことはそのことに尽きるよ。それを重ね、組み立て、自分に扱えるものよりも大きいパレットを引き出し、一時的なものを作ることができる。音を重ねたり雰囲気を加えたりして、やりすぎだということに気がついて元に戻すこともあった。ミュージカルの素晴らしさは、それが映画そのものの歴史と同じくらい古い、音楽とともに映し出された映像だということだ。ミュージカルは最も初期の映画として撮られていたものなんだ。音楽はすべてをまとめてくれる。「Your Song」が作られたときのシーンは、とてもシンプルだ。カメラに映らないところでピアノを弾いている人がいて、タロンが歌う。そして弦楽器を足すと背筋がゾクゾクする。観客はふさわしい音がふさわしいタイミングで鳴ったとき、音楽が1つにまとまるのを感じる。それは反抗するのも否定するのも難しい。テクノロジーが進歩していく素晴らしさは、いいサウンドデザインの恩恵が得られる点だよ。

——エルトンにしか分からない気持ちが出てくるシーンがたくさんありましたが、タロンや脚本家はエルトンと脚本について話し合ったのでしょうか？

F　脚本の最初のドラフトを書いたリー・ホールはエルトンの長年の友人だ。リー・ホールとエルトンはミュージカル版の「ビリー・エリオット」で一緒に仕事をしている。古い草稿ではリーはエルトンと座って話をし、彼の考えを記録している。それは伝記だよ。その人がどんな人間なのかを理解するために記憶を紐解いていく。タロンとエルトンは映画『キングスマン：ゴールデン・サークル』のセットで出会い、すでに親しい友人になっていた。タロンはエルトンに驚愕していた。すべてがしっくりいっていた。この映画を撮り始めたときエルトンはタロンの家を訪ねて一緒に過ごした。タロンに小さなハート型のダイヤモンドを贈り、「これは僕が初めて買ったダイヤモンドだ」と話していた。あのダイヤ

モンドはとても個人的なものだったはずだ。今どんなにお金持ちだったとしても、成功したときに初めて買ったものはその人にとってとても高価なものだから。エルトンはそれをタロンにプレゼントし、タロンはリハビリ施設に入っているシーンでそれをずっとつけていた。個人的な強い結びつきがあっという間に生まれ、それはタロンがこの役に打ち込む上で大きな役割を果たしたんだ。エルトンと初めてじっくり話をするのは素晴らしい経験だったよ。「なんでも聞いてくれ。君は何が知りたいんだい？」と言ってくれた。僕たちはいくつか質問し、話し合った。僕たちはトルバドールがどんな場所だったのかを尋ね、ジョン・レノンと過ごした夜について細々したことを聞いた。それは続編に使うよ。

――エルトンの心や精神、魂の扉を開く過程はどのようなものでしたか？　一体誰が彼の心の窓を開いたのでしょう？

F　僕だよ！　多分僕だと思う。僕たちみんなかな。あらゆる能力を使って僕たちはエルトンと繋がりを持ったのだけれど、それは素晴らしいものだった。人に貢献するためにはその人を愛さなくてはいけない。でもそのためにはその人を本当の意味で愛さなくてはいけないし、手加減してはいけない。僕たちが見かけを取り繕ったり、自分たちに都合のいいものを作ったりしたら、本当の物語を伝える作品にはならない。僕たちがやろうとしていたのは感情的な部分を見つめることだ。人としての彼に何が起きたのか？　彼は何を経験したのか？　音楽とドラマを一体にすることはできるのか？　それには説得力があるのか？　説得力がなければこの作品は真実味のない、思い描いていたものとは違うものになってしまう。挑戦すべきことは正道を進むことだった。みんなからバーニーが当時何をくぐり抜けていたのかを質問されたけれど、それはこの映画で扱うことはできなかった。僕が作った映画は『ロケットマン』と題されたものであり、それはエルトンに関するものだ。もちろんバーニーはこの映画の鍵であり、バーニーとエルトンの関係には彼の作る詞が不可欠なものだ。でもバーニーに関する映画は、エルトン・ジョンの映画とは違う。観客が入りこむのはエルトン・ジョンの映画の心であり魂だ。エルトン・ジョンの物語に対して正直であり、その狙いを見失わないようにすることが僕には大切だった。どんな映画監督にとっても正道を進むことは大変なことだ。だから僕は愚かなくらいそれに努めた。決めた道を守ることが僕の仕事であり、僕はそれを成し遂げた。編集でみんながそれを1つにまとめてくれた。

――衣裳デザイナーのジュリアン・デイとの仕事について教えてください。

F　記憶を描いたというのがこの作品の素晴らしい点だ。伝記ではない。記憶は当てにならないものだ。このジャケットがどんなものだったか10年後に思い出すとする。説明してみたら、このジャケットとはまったく違うものになるだろう。記憶は人を騙すからだ。エルトンは衣裳を覚えていたけれど、僕はジュリアンにこの点を伝えた。僕たちはエルトンが着ていた羽でできた鶏の衣裳を知っている。でも映画に出てきたバージョンはもっと大きくて、背も高い。なぜなら彼の記憶に基づくとそうなるからだ。ジュリアンがその記憶に興奮したから、僕たちは独創性のないものに落ち着かなくて済んだ。伝記映画が大変なのは、あらゆる細部をつかもうとずっと努力し続けていた挙句、誰かから「靴が間違っている」と言われるからだ。だから僕は彼の記憶に基づいた現実を作ろうと言った。そしてもう1つ僕が誇りに思っているのは、最初の週はすべてにノーと言おうと誓ったことだ。だからみんなは狂ったように働いて、本当に他のものとは比べようのないものを持って戻ってきてくれた。みんな僕を殺したいと思うようになるまでは、このやり方は効いたよ。ジュリアン・デイは本当に驚くべき人で「私の作ったコスチュームを見て、エルトン・ジョンがこれを着てみたかったと言ってくれたら私の目標は達成できるわ」と言っていた。オレンジのすごい衣裳を見て、エルトンは「これが着たかった」と言っていたよ。

マシュー・ヴォーン

Matthew Vaughn

「エルトンの人生がまさに驚きの人生ファンタジーだからだ」

文＝高野裕子

エルトン・ジョンが夫のデヴィッド・ファーニッシュと運営する会社ロケット・ピクチャーズが、11年もの歳月を費やしながら製作を実現できなかった『ロケットマン』。エルトンはミュージカル「ビリー・エリオット」で共作したリー・ホールに脚本を依頼し、それをマシュー・ヴォーンが引き継ぎ、『ボヘミアン・ラプソディ』の監督デクスター・フレッチャーに手渡し、遂に完成の日の目を見ることになった。

ヴォーンはデクスターの前作『イーグル・ジャンプ』をプロデュースしたが、ここで主演を務めたのはタロン・エガートン。またマシューの前監督作である『キングスマン：ゴールデン・サークル』にも主演したタロンは、ここでエルトンと共演。『ロケットマン』の主演へとつながった。

そもそもガイ・リッチーの友人でプロデュース、監督を手掛けてきたヴォーン。フレンドリーだが説得力ある口調、暖かい人柄をもった好感度の高い人。配給会社などの交渉、資金集めの名人なのだ。彼の手にかかると、あれよあれよという間に（はたから見ればだが）『レイヤー・ケーキ』『キック・アス』『キングスマン』など驚きのエンターテインメント作が誕生する。まさに『ロケットマン』もボーン・マジックが効いた1本となった。10月撮影現場に顔を出したマシュー・ヴォーンに話を聞いた。

—本作がミュージカル・ファンタジーでバイオピック（自伝映画）でないのは何故ですか？

マシュー・ヴォーン（以下V） エルトンの人生がまさに驚きの人生ファンタジーだからだよ!! バイオピックももちろん可能だ。でも彼の目から見た人生にファンタジー形式で色彩や刺激を加え、エルトンとはどんな人物かを語る方がより面白いじゃないか。単なるバイオピックでなく、音楽とファンタジーを使うことで一層効果的にエルトンがどんな人かを語れる。エルトンの人生を祝うにはぴったりだ。彼の人生自体がファンタジーなんだよ。デクスターはクイーンの映画では大胆かつ自由にやることができずに、ちょっとつまらなかったようだ。クイーンの映画でできなかったことを思い存分やっているのが、この映画だよ！

—俳優としてタロン・エガートンの優れた点はどんなところですか？

V エルトンから脚本を受け取り読んだとき、タロンはこの役を演じるために生まれてきたようにぴったりだ、と思ったんだ。それでタロンに電話し、デクスターに電話し、全員が意気投合し、やる気になったんだよ。

—それは『キングスマン：ゴールデン・サークル』を作っている時のことですか？

V そう思う。おぼろげにしか覚えていないが。多分そうだったと思う。製作も後半に入ったころだった。

—この映画はセックス、ドラッグとロックンロールがテーマでしょうか？

V その3つは僕にとっては同じ意味だよ。60年代、70年代は、その3つが混じりあった時代だった。

—今、エルトン・ジョンの物語を語る意味はなんですか？

V ひとつ付け加えさせてもらえば、当時より現代はホモセクシュアルに寛容な時代になった。その事実を祝福する映画でもあるんだ。そこに焦点があるわけではないが、物語の重要な一部である。隠す必要がないんだ。驚きだが10年前のハリウッドでは、そんなことはできなかったはずだから！ 10年前のハリウッドは性的な考え方が古く寛容ではなかった。今日とは違ってね。

—しかしこの映画には公にゲイと口承している俳優がゲイ役を演じていませんが……。

V 今はゲイとしてカミングアウトしたかどうかは関係ない時代になったと思う。そういう考え方はすでに時代遅れになったのではないかな。ゲイだからゲイ役とかゲイでないのにゲイを演じるのはおかしいと言ったことは意識しなかった。誰が何だというようなカテゴリーで箱に入れる時代でなくなったと思いたい。嬉しいことに。

—この映画はどれくらいの時代、エルトンを何歳くらいまで追っているのですか？ そこで映画が終わる理由は何ですか？

V 続編を作ろうと思ったから途中で終わるんだよ!!（爆笑）

—11年もエルトンが製作できなかった脚本をあなたが映画化できた理由とは何だったのでしょうか？

V 僕は幸運だったんだと思う。彼らは11年間も製作を試みたんだが実現せず。彼らの前にはそれは多くの障害が立ちはだかったんだ。僕が脚本を読む機会をもらって、なぜこの映画が製作されないのか不思議に思ったほどさ。『イーグル・ジャンプ』の時も同様だったけれどね。あれも12年も脚本が眠っていたわけだから。あの時も読んで映画化できると思ったんだ。素晴らしいクルー、チーム、友人がいるから、他の映画ではなくこれを作ろう、ということになったんだよ。

カンヌ国際映画祭にて

エルトン・ジョン

Elton John

「映画を本当に誇りに思っている」

構成＝編集部

EJ　まさか生まれて73年目にして、カンヌで映画を公開しているなんて思いもしなかった。正直に言って、ぶっ飛んだよ。すごく感動して、最初に観たときは泣いた。今回もすごい泣いちゃった。

BT　（映画になることは、観た感想は）素晴らしい体験だった。エルトンの気持ちに100％賛成だ。本当にぐっと胸をつかまれた。いくつかのシーンでは、聞こえないように泣いていたからね、正直に言って。

EJ　タロンが歌えることは知っていた。で、実際に会った瞬間、何か特別なものを持っていると感じたんだ。「僕の瞳に小さな太陽」を歌っているのを初めて聞いたときは、度肝を抜かれたよ。すごく難しい歌なのに。僕のバージョンに引けを取らないじゃないか、と。作品には、とても暗い部分も描かれる。それにウっとなるけど、歌が（気持ちを）どん底から引き上げてくれている。そう、それで歌なんだけど……彼は僕の人生を演じるだけでなく、歌わなくてはならなかったんだよね。それは二重苦だよ。でも、彼が歌っている姿、演じている姿を見ていると、そこに僕にはタロン・エガートンは見えていない。見えているのは僕自身。そこに僕は心を揺さぶられるんだ。「あれは僕だ！」って。

BT　作品が素晴らしいのは、この2人が本当に実在しているかのように思えて……最初は誰一人味方がいない。そこから成功していく様子に沸き立つんだ。

EJ　映画を本当に誇りに思っている。僕の人生も誇りに思っている。そして彼も。

BT　それと、僕たちの歌には映画的な要素があるということもある。ストーリーだから。自分の人生が映画になるなんて、普通は思わない。（常識的に）考えると、亡くなった人について作られるんじゃないかな。幸いにも、僕らはまだ元気でそれも楽しめるからいいけど。

バーニー・トーピン

Bernie Taupin

「本当にぐっと胸をつかまれた」

Behind the Scene

『ロケットマン』撮影秘話パート1

2018年10月に訪れた撮影現場で、撮影の合間をぬって、製作関係者に話を聞いた。

文=高野裕子

夜の移動遊園地シーンが撮影された撮影現場

発案から10年以上もエルトン自身が製作を夢見てきたミュージカル・ファンタジー映画『ロケットマン』。昨年2018年8月に撮影を開始した。10月のある日、エルトンのオールド・ウインザー自宅近くにあるブレイ・スタジオで行われれている撮影の見学に参加させてもらった。その夜の撮影は、子役が演じた12歳のエルトンが、タロン・エガートン演じる19歳へと変化するシーンで、「土曜の夜は僕の生きがい」の曲に乗せてパブ演奏シーンから、夜の移動遊園地シーンへと移行するロング・ショットの撮影だった。

ネオンきらめく夜の移動遊園地で、タロン演じるエルトンが、大勢のダンサーと共に歌とダンスを披露するパフォーマンスを見学した。何分にもわたりカメラでタロンを追いながら、大勢のダンサーやエキストラも収めるという難しいシーンであり、その撮影が上手くいけば、同時に非常に見ごたえあるシーンにもなる。何ヵ月もかけてリハーサルしたという踊りのシークエンスの本番だ。撮影の合間をぬって、製作関係者に話を聞いた。

再現されたセットやロケーションでの撮影

映画は主にロンドン、ロサンゼルスが舞台だ。エルトンの自宅やオフィス、ホテルやカフェやレストラン、クラブやライブ開催地など多くのシ

ジュリアン・デイとタロン・エガートン

ーンが登場し、ロンドンの建物の外観や街並み以外は、ほとんどがセットで再現されていた。プロダクションデザインを手掛けるマーカス・ローランドが語る。

「リサーチは丹念にしたが、本作はファンタジーだから事実を誇張し、映画の内容にふさわしい形に再創作した。例えばエルトンが12歳でバンドと演奏するパブは、実際には60年代の現代的な建物だったが、映画では雰囲気を出すためロンドン風のビクトリア調のパブに変えたよ。だが幼い頃の自宅界隈で踊るシーンは、実際エルトンの子供の頃の実家の近所で撮影したけどね。ほとんどはスタジオ撮影だよ。ドジャー・スタジアムで演奏するシーンでの何万人もの観客はCGの助けを借りたんだ」

実際の家や当時の建物などを参考にしながら、ファンタジーの要素を大切にしてセットをデザインしたと言う。60年代から70年代のロック・ファンなら感激するような、ロックの名所も全編を通しあちこちに散りばめられている。例えばロンドンのティン・パン・アレーと呼ばれていた音楽出版社や楽器店が集まるロンドンのデンマーク・ストリート（撮影はグリーク・ストリート）やロサンゼルスのライブハウス、トルバドール、タワー・レコード（ここにエルトンは通いつめ、レコードを買いあさった）、当時ジャック・ニコルソン、マーロン・ブランド、リンゴ・スター、ジミ・ヘンドリックスが入り浸っていたというママス&パパスのママ・キャス（キャス・エリオット）の自宅、ニューヨークのクラブ（最大のセット）、ロンドンのスタジオ(エアとトライデント)、ローヤル・アルバート・ホールなどが再現され、興味をそそられる。

ローヤル・アルバート・ホールの角に位置する国立音楽アカデミーは、少年時の入学テスト・シーンで登場するが、ここは特別に撮影許可がおり、実際の校内で撮影が行われた貴重なシーンだ。ロサンゼルス・シーンに登場するローレル・キャニオンにあるママ・キャスの自宅は、当時の俳優やミュージシャンのたまり場として伝説的な場所で、そこに集った人々はクエンティン・タランティーノの最新作『ワンス・アポン・ア・タイム・イン・ハリウッド』の世界と重なっている点が実に興味深い。

後半登場する83年の大ヒット「アイム・スティル・スタンディング」のミュージック・ビデオは、MTVが一世を風靡した当時の音楽シーンで愛されたミュージックビデオの1本だが、撮影は南仏カンヌのカールトン・ホテルの前にある海岸で行われた。今年のカンヌ映画祭の上映時にこのホテルで取材が行われたというのは、偶然なのか当然なのか……。

ジュリアン・デイが担当した衣裳

衣裳はデクスター・フレッチャーが監督を引き継いだ『ボヘミアン・ラプソディー』チームの一員でとし

衣裳デザイナーのジュリアン・デイ

ても活躍したジュリアン・デイが担当した。「ファンタジー・ミュージカルだからコスチュームも派手にする必要があった。誰もが知っているように、エルトンのステージ衣裳は凄いからね。今回はそれをさらに誇張できたんだ。コピーするだけではなく、オリジナルのステージ衣裳を参考にして、自分なりのデザインを考えた」とご自慢の衣裳を見せながら語る。

エルトンは衣裳と私服のコレクションをロンドンの倉庫街に保管しており、そこに何度も足を運び、本作の衣裳のデザインを練ったという。10点ほどは貸出しが許され、その仕立て方法などを参考にしたという。特にアメリカの歌手で女優のシェールの衣裳を手掛けたことでも知られるデザイナー、ボブ・マッキーによるエルトンの衣裳はオンラインでもリサーチし、マッキーが影響受けたカーニバルの衣裳なども参考にしているという。

エルトン役の衣裳チェンジは子役を含めると80、90回ほどあり、全部で100着ほど縫ったという。初めてトルバドールに出演した時や、ドジャー・スタジアムのライブでのステージ衣裳など数点はかなり実物に忠実に再現されたが、それ以外はオリジナリティを生かした。すべての衣裳をエルトンがチェックしたというが、ジュリアン・デイのデザインをエルトンはとても気に入ってくれたという。彼自身が特にお気に入りだった衣裳は、「グッバイ・イエロー・ブリック・ロード」を歌う時のものだ。映画『オズの魔法使』からインスパイアされたデザインで、ドロシーやブリキ男などのキャラを象徴するパーツからできている。他にもエリザベス1世に変身した衣裳、ドジャースの野球ユニフォーム、悪魔のコスチュームには多数のスワロスキ・クリスタルが手縫いで散りばめられていて、制作に費やした時間は半端ではない。メガネや靴などのデザインもカラフルで、とにかくエルトンの衣裳を見るだけでも、楽しくて価値ありの映画なのだ。

19歳から40代のエルトンを再現するメイク

幼少期、少年期の子役とタロン・エガートンの3人がエルトンを演じている。タロンは19歳から40代までを1人で演じるため、多数のカツラや特殊メイクを使用した。昔の写真を基にエルトン自身のアドバイスにより、それぞれの年齢時の髪の色を決定し、ヘアカラーで再現したのだ。スタイル的には20代はビートルズ風、70年代にはもみあげなどを使用。のちに髪が抜けた時代は、タロンは髪を剃ってカツラ組み合わせて対応したという。タロンは一度剃った髪が生えてこなかったらどうしようという不安に駆られたという。またエルトンの歯並びを再現するために、タ

ロンは透明マウスガードをはめていた。

出演者たちが自ら歌い、パフォーマンスする

この映画の成功は何と言っても主演タロン・エガートンの演技、パフォーマンスにかかっていたと言っても過言ではないだろう。2011年にこの映画の製作が発表されてからエルトン役がタロンに決まるまでに、トム・ハーディやジャスティン・ティンバーレイクの名前が主演にあがったが、実現へとは結び付かなかった。タロンの名前があがったのは彼が『キングスマン：ゴールデン・サークル』（エルトンも出演）の撮影をしていた2016年。アニメ映画『SING／シング』のゴリラ役でタロンが歌った「アイ・スティル・スタンディング」を聞いたエルトンが、ゴーのサインを出したのだ。

しかしタロンは今まで音楽レッスンを受けたこともなく、歌も踊りの経験もほとんどなかったのだ。そんな彼の音楽コーチとして、短期間で歌とピアノの演奏を教え込んだのがマイケル・トバートである。

「タロンはピアノを弾いたことがなかったんだ。6月から特訓を開始し、毎日レッスンして、実際にエルトンのヒット曲をピアノを弾きながら歌えるところまでいったんだ。もちろん天才的なミュージシャンが一生積み上げたテクニックが数ヵ月で再現できるわけはないから、エルトンの持っている独自のスタイルに近づけようとしたんだよ」

エルトン自身もタロンには「コピーはするな、自分のスタイルでやれ」とアドバイスした。エルトンの熱意はすごく、タロンの役つくりのために、エルトン自筆の日記を彼に手渡し、読む許可をくれたのだ。それを受けてタロンはエルトンの音楽にあるスピリットを再現することに集中したという。それは大成功だったようだ。スクリーンに映し出されるタロンの「ユア・ソング（君の歌は僕の歌）」のパフォーマンスは感動的で涙を誘う。

タロンに加え、バーニー・トーピン役のジェイミー・ベル、ジョン・リード役のリチャード・マッデン、両親役のブライス・ダラス・ハワード、スティーヴン・マッキントッシュ、祖母役のジェマ・ジョーンズなども歌を披露している。彼らの味のある歌は、親近感を感じさせ温かみにあふれている。これらの曲の録音はビートルズで有名なロンドンにあるアビー・ロード・スタジオで行われ、ビートルズのプロデューサーとして有名な故ジョージ・マーティンの息子のジャイルス・マーティンがプロデュースを担当した。父と共にシルク・ドゥソレイユによるミュージカル「ビートルズ ラヴ」やブロードウェイのミュージカルも手掛けており、その経験が本作の仕事の役に立ったのではないだろうか。

Behind the Scene

『ロケットマン』撮影秘話パート2

本作の映画化には10年以上も要している。
映画化までの過程をエルトン・ジョンのコメントをまじえながら紹介しよう。

構成＝編集部

『ロケットマン』が飛び立つ瞬間

本作の企画の種が蒔かれたのは10年以上前、ラスベガスの楽屋でのことだった。そこにはエルトンと、彼の夫で本作のプロデューサーでもあるデヴィッド・ファーニッシュ（エルトン・ジョンのドキュメンタリー映画"Tantrums & Tiaras〈原題〉"の監督であり、ミュージカル「ビリー・エリオット」の製作総指揮）がいた。2人は長期公演「レッド・ピアノ」を始めたばかりだった。このショーは、視覚的な要素と、幻想的な衣裳の数々と、音楽をステージのうえで融合させることにエルトンが本格的に取り組んでいく最初のステップだった。

「そんな舞台がエルトンの何かを刺激したんだ」とファーニッシュは振り返る。「彼は『僕のスピリットはそのままに、僕の人生を映画にできたら最高だね』と言ってきた。普通の伝記映画を求めてはいなかった──彼はそういう映画は好きじゃなかった──けど、こう言ったんだ。『僕の人生はずいぶん人並みはずれたものだから、素直に作るだけじゃ適切に表現できないだろうね』」

そこで次なるステップとして、2人には脚本家が必要だったが、これにはうってつけの人物を知っていた。この企画を後押しした数ある運命的な瞬間のひとつとして、エルトンと

ファーニッシュは、2000年に参加したカンヌ国際映画祭で、やがて大ヒット作となる小さな映画のプレミア上映に出席した。それが『リトル・ダンサー』(00)だった（ビリー役を演じたジェイミー・ベルは、ありありと覚えている。上映の後のパーティで、こちらに近づいてきたエルトン・ジョンは、映画の若きビリーと父親の関係に大きく心を動かされ、涙を流していた）。このフランス沿岸部での大きな体験がエルトンのなかにずっと残っていて、5年後ファーニッシュと共に『リトル・ダンサー』の脚本家リー・ホールへ声をかけ、ミュージカル「ビリー・エリオット」の製作に取り組みさえしていた。

そのため、誰がエルトンの激動の人生を描くかという問いについて、2人は一緒に取り組むなら彼しかいないと考えた。「リーはイギリス人で、60年代や70年代のロックンロールの出現だけでなく、60年代のイギリス労働者階級のことや、言葉遣い、そしてそこに生きる人びとの暮らしをよく分かってる」とファーニッシュは語る。「そういう時代の内側から、まさに当時の感じを捉えてほしかったんだ。でもそれと同時に、『豪勢で、大がかりで、ファンタスティックなミュージカルを作ろう』とも言った」。そして重要なことに、彼らはリー・ホールに、エルトンの楽曲を、実際に書かれた順で登場させる必要はないことを伝えた。語りたい物語に一番見合った形で、曲を登場させるよう伝えたのだ。

「この作品は僕が子供だった1960年代以前から、リハビリ施設に入所した1990年までをカバーしている」とエルトンは語る。「僕が有名になり始めた頃を描いたものだ。あれは普通じゃない現実離れした時期だったから、この映画もそういう風に描いてほしかった。真面目になりすぎず楽しいものにしてほしかったけど、一方で、僕の薬物中毒や人生や子供時代など、語るべき深刻な事柄もたくさんある。だから適切なバランスを見つける必要があった。僕にとって何より重要だったのは、その映画をミュージカルにすることだった。音楽こそ僕の人生だったからね」

夢のパートナーシップの結成

脚本ができあがってから10年近く、エルトンとファーニッシュはプロジェクトを進めようとしてきたものの、まだスタートラインにも立っていなかった。だが幸いにも、彼らは大作映画の（しかも大ヒット映画の）製作に心得を持つ人物を知っていた。監督でありプロデューサーでもあるマシュー・ヴォーンだ。彼らは、ヴォーンが監督する『キングスマン：ゴールデン・サークル』(17)にエルトンが長く豪華なカメオ出演を果たした際に親しくなっていた。その映画では、エルトンの特徴を誇張し、ぶっ飛んだコミカルな役として彼を使っている。「あれはかなりデフォルメしたエルトンだった」とヴォーンは語る。「彼はとてつもない才能があるだけでなく、すごく優しくて紳士的だったし、語る通りに演じてくれた」

ある日、またも本作の製作へとつながる運命のピースのひとつとして、コーヒーを飲みながらヴォーンがふと、自分は昔からミュージカルを作りたかったんだと口にした。「彼はエルトンと、エルトンの音楽が好きだということは知っていた」とファーニッシュは振り返る。「だから僕は言ったんだ、『ねえ、こんな脚本があるんだけど。ちょっと読んで、感想を聞かせてよ』」。ヒットの可能性を見通し、ポテンシャルを最大限に引き出して製作する力を持つことで名高いプロデューサーであるヴォーンは、脚本を読み、気に入った。

「エルトン・ジョンの音楽は子供だった70年代から知っていて、はじめて『Your Song』（僕の歌は君の歌）を聴いたときのことは、本当によく覚えてる」とヴォーンは参加を決めた過程を振り返る。「その声は唯一無二で、たちまち歌詞を覚えた数少ない曲のひとつだった。子供の頃の自分に深く刺さったんだ。僕は音楽を愛してて、ミュージシャンになりたかった。この映画に取り組む理由のひとつは、ずっとミュージカルをやってみたかったからだ。僕が撮っ

ている映画を観たら、音楽からの大きな影響が分かると思う。音楽のために場所をあけたり、音楽を編集したりして映画と融合させる。ずっとしかるべき映画を探していたんだ。ミュージカルを作るなら、すべての土台となる音楽が素晴らしいものでなくちゃならない。この作品を知ったとき、その条件は間違いなく満たされてると思ったよ」

しかしヴォーンが参加を決めたのは、単に脚本を読んで気に入ったからだけではなかった。脚本を読んだとき、どのような映像になるかが「見えた」からだった。それに加えて、ほとんど瞬間的に、誰がエルトン・ジョンを演じるべきかも頭に浮かんだ。自身が監督する『キングスマン』シリーズの主役にタロン・エガートンを据えていたヴォーンは、誰よりもタロンが持つ能力を知っていた。そして、エルトン・ジョンと同じくイギリスが輩出した有名人であるマイケル・エドワーズの伝記映画『イーグル・ジャンプ』（16・未）で、タロンとデクスター・フレッチャー監督にタッグを組ませていたヴォーンは、すぐに本作でも彼らの優れたクリエイティビティを活かせると悟った。ヴォーンは、フレッチャーが『ロケットマン』の監督にうってつけだと感じていた。フレッチャーは1976年に製作されたミュージカル『ダウンタウン物語』に少年役で俳優デビューを果たしてから、監督2作目の『サンシャイン／歌声が響く街』（13）でもミュージカルを手がけるなど、長らくミュージカルを愛してきた。しかもヴォーンは、エガートンの体型が若い頃のエルトン・ジョンとよく似ていることも分かっていた。そして何より、エガートンは歌うことができた。

ヴォーンはファーニッシュに電話をかけた。「僕だったら、タロンを主役にして、デクスターを監督にするね」。ファーニッシュは電話を折り返した。「一緒にプロデューサーをやらないか？」

「それがいいと思ったんだ」とヴォーンは振り返る。「デクスターと僕は何か次も一緒にやれないかと考えていたし、彼が見事に歌えることも、僕はタロンという人間を知っていた。英国王立演劇学校の入学に向けたオーディションで彼が「Your Song」（僕の歌は君の歌）を歌ったことも知っていた。だから、この作品にはつながりを感じていたんだ」。ファーニッシュも、次のように語る。「パズルのピースがはまり始めていた。マシューに提案されて、僕も同意したんだけど、タロンとデクスターの組み合わせこそ、この映画が必要としているものだった」

もちろん、このアイディアに乗ってもらう必要のある人物が、もう1人いた。エルトン・ジョン本人だ。「エルトンは、『僕は映画製作者じゃない。それは僕の専門じゃないし、この物語は自分と距離が近すぎるから、適切な観点から語るのに必要な客観性を保てない気がする』と、いつも言っていた」とファーニッシュ。「彼が知っているのは音楽だ。それこそ彼の専門だ。となれば唯一の問いは、エガートンが2年間音楽に身を浸して生きるのに適した人物かどうかだけだった。

「それで彼が歌うのを聴いたんだ」。エルトンは微笑みながら語る。「一瞬で決まったよ。誰かが僕を演じるなら、歌える必要があると思っていた。演技的な側面からだけじゃなく、僕の音楽も理解してくれる人を求めていた。そういう人物を見つけるのは、ふつうすごく大変なことなんだ。だけど僕たちにはタロン・エガートンがいた。彼は本当に唯一無二だ。この作品を可能にできたのは、彼しかいない」

ハーモニーを求めて 音楽が映画と出会うとき

エルトン・ジョンの非の打ちどころのない曲の数々を、現代の観客に向けて再解釈する勇気と才能を備えた人物を見つけるにあたり、本作を動かしてきた運命は、なおもつながり続けた。音楽プロデューサーで作曲家のジャイルズ・マーティンは、ヴォーンの学生時代からの友人だった。しかもジャイルズは、ジョンとファーニッシュとも友人であることが判明した。ジョンは、長く名高いキャリアのなかで、マーティンの父（ビートルズを手がけた伝説的なプロデューサーのジョージ・マーティン）と、よく仕事をしていたのだ。「ジャイルズはエルトンに対してだけでなく、この映画や、デクスターやタロンにも敬意を払うだろうと分かっていた」とヴォーンは振り返る。「それにジャイルズはとても繊細な感覚を持ち合わせていて、すべてのニーズを満たしながら優れた音楽を作り出す偉大な男だと分かっていた。そこでエルトンに電話すると、彼はむかしカリブ諸島にあるジョージの家で過ごし、ジャイルズが子供の頃にレコーディングをしたことがあると語るんだ。彼はジャイルズのことが大好きで、コラボレーションには完璧な相手だと感じた。点が線になって人をつなぎ、力を合わせて真にクリエイティブな仕事をできる面々が集まったんだ」

マーティンは、幼い頃モントセラトにある父のスタジオでエルトンが時間を過ごしていたことを覚えていた。彼の人生において、そばにアーティストがいるのは日常的なことだった。1989年にロンドンのエア・スタジオで使い走りとして働き始めたとき、そこでジョンが父とレコーディングをしていた。エルトンとジョージは、1997年に「キャンドル・イン・ザ・ウィンド～ダイアナ元英皇太子妃に捧ぐ」のリメイクで再びタッグを組んだ。「エルトンはいつも僕にすごく優しかった」とマーティンは語る。「ミュージシャンたちにも寛大で、いつも若いミュー

ジシャンに関心を持っていた」

エルトンの広い心は本作のクリエイティブ面にもおよび、自身の音楽をマーティンが新しく作り変えることを許してくれた。「エルトンは、彼の名曲たちを演奏するにあたり、形に縛られないでいいと自由を与えてくれた」とマーティンは称える。

「彼は自分の音楽を発展させることを願ってる。解釈してもらうことを願ってる。彼は言ってくれたんだ。『好きなようにやってくれ。きみの曲だから』とね。彼はいつも『きみが作る曲を聴くのが待ちきれないよ。早く帰って、進めてくれ』という感じだった。すごく新鮮だったよ、彼の発言はつまりこの物語を語るのに、曲の発表順にこだわらず、しかも独自の形に変えていいという許可を得たんだからね。それに、それこそがエルトンの音楽だ——本当に独自のもの。実際に作っていく過程は、どこか『もぐらたたき』のような感じだった。完成したと思っても、『待てよ、あそこをこうすれば……』なんて思い返す。そうして曲が少しずつ向上していく。彼の音楽が独自なのは、テクニックだけじゃなくて、ソウルにおいてもだ。子供を部屋に閉じ込めて延々とピアノを教え込むことはできるけど、それじゃ決してエルトン・ジョンにはなれない」

マーティンの数ある業績のなかでも、本作は特に彼が誇りを抱くものかもしれない。ビートルズの名曲たちをラスベガスの舞台用に作り直したこの男にとっても、今回の仕事はそれほど大きなものなのだ。マーティンは笑って振り返る。

「覚えてるよ、まだ取り組み始めたばかりの頃にエルトンがミュージカルの振付練習に来たんだ。それで僕は『ダンス用の曲はラフ・バージョンを仕上げただけなんだ……』と伝えたよ。本人の曲の〝ラフ・バージョン〟なんて、本人の前でかけたくなかったのに！ 彼はただこう言ってくれた。『いいか、ジャイルズ、きみがやってくれるんだから、僕は幸せだよ』。それはもう身に余る言葉だった」

そのように柔軟なアプローチを許されたからこそ、まさに本作は飛び立ち、従来の慣習を打破し、既成の概念を更新して、真に新鮮で、大胆で、予想もつかない作品を届けることになった。フレッチャーは語る。

「観客にはこう伝えようとしているんだ。『え？ その話はもう知ってるって？ それはどうかな。この映画は、あなたが思っているものとは違う』。この映画は予想よりはるかに人を引きつける面白いものだ。映画の最初の瞬間から、エルトンは物語の語り手としてはまったく信頼ならない人物のように描かれる」

さまざまな職業の人びとが、それぞれ心から愛着を寄せる名曲の数々を並べるというのは、魅力的な仕掛けだ。本作の製作総指揮を務めたクローディア・シファーは語る。「私は80年代にエルトンの音楽を聞いて育ち、仕事としてエルトンの楽曲の写真撮影に参加して、いまも彼の音楽を聞いている。彼の曲は時を超えるものだし、歌詞の裏側を知ることができるのは素晴らしいことね」

エルトン・ジョンは簡単に満足させられる人間ではない、とファーニッシュは認める。だから、本作の出来に〝キャプテン・ファンタスティック〟本人がご満悦であるという事実は、あらゆる部分のアレンジの質の高さを証明している。

エガートンは、5ヵ月間ボーカルとピアノのレッスンを受け、今回の役に備えた。そして世界中で愛された名曲たちの新バージョンをレコーディングしただけでなく、そのレコーディングをロンドンのアビーロード・スタジオでおこなった。それは、エガートンのキャリアのなかでも「心から興奮する信じられない瞬間」だった。

エルトンは、彼の人生と音楽をスクリーンで描くチームの情熱と献身性を振り返って笑みをこぼし、その仕上がりに大喜びした。「タロンに任せたんだ」とエルトンは語る。「タロンとジャイルズ・マーティンの手に任せた。マーティンのことは手放しで信頼してるんだ、彼は父親と同じように素晴らしいし、2人で進めてもらうことにした。逐一曲をチェックして、監視するようなことはしたくなかったんだ。レコーディングは一度も見に行かなかった。僕はそういうことをしないし、そういうことをする性格じゃない。芸術面で誰かを信じたら、相手がしたいことをできるよう完全に自由を与える。それで2人の作ったものを聞いたら、度肝を抜かれたよ」

スペクタクル・ドラッグ・ロックンロール 正直に真実を追究する

「僕の人生はありふれたものじゃなかった」と控えめにエルトン・ジョンは語る。「この映画を通して理解してほしかったのは、名声と引き換えになった途方もない代償、子供時代が自分に与える大きな影響、中毒や自分の行動が引き起こす苦しみをうまく言葉にできないことの影響や孤独の大きさだ。でも全編を通してユーモアも入っている必要がある」

今回の作品では、他のアプローチはあり得なかったとエルトンとファーニッシュは語る。人生の暗い部分を隠してしまったら、良い時期がこれほど明るく輝くことはなかっただろう。真実をまるごと伝えるのでなければ、何かを語る意味などあるのだろうか？

「そうだね、正直に真実を伝える必要があった。ここで描かれる時期の20年、僕は多くの人が人生を通して経験する以上のことを経験した。ときどきモンスターのような行動をしたり、完全に理性を欠いた振る舞いをしていた。アーティストらしい生活だ。でも僕は正直な形で見せたい

んだ、『ああ、彼はこんなに素晴らしかった！ こんなに偉大だった！』というものじゃなくてね。たしかに、素晴らしいって感じのときもあったけど、その反対の面もあったし、そこが描かれることが重要なんだ。人生の浮き沈みは、どちらも受け止めなきゃね。中毒は自分が嫌いな一番暗い部分を引き出した――だからもう身をきれいにして正気でいようと決めた。理性を欠いた行動や、暗い心や、落ち込みや、自己嫌悪なんかは、人生のバランスを失って、コカインやアルコールや食べ物やセックスなんかに依存した結果なんだ。そこが映画では描かれている。安易な描き方にしてしまいたくなかった。僕は正直な人間なんだ、ときどき正直すぎて損してしまうくらいにね」とエルトンは語る。

本作は、リハビリ施設をはじめ、エルトン・ジョンの中毒を通して、彼がかろうじて生き延びた過酷な人生を描いている。エガートンは語る。「エルトン・ジョンは音楽界のアイコンだけど、彼も人間で、とても人間らしい物語を抱えていることを人はよく忘れてしまうんだ」

フレッチャー監督によれば、それは逃走の物語でもあるという。最初は、若きレジーとして自分の家から逃げ出そうとする。そしてのちには、自らが作り出した人格から逃れようとする。

「対立の時期も、苦しみの時期も、そして完全なる幸せの時期も、音楽が友達だった」とエルトン・ジョンは自分を振り返る。「音楽がいつもそばにいてくれて、どんなに鬱や中毒の時期も、いつも友人だった。そういう暗い時期でも、音楽は僕の友達だったんだ。僕に大きな喜びをもたらしてくれた」

それこそがメッセージで、それこそが重要だとベルは語る。彼は、いつもエルトンを暗闇から引き戻してくれた大きな支えであるバーニー・トーピンを演じた。

「この映画は伝えている。『自分が何者か知るべきだ。自分の本当の姿でいるべきだ。そうじゃないと、自分を殺してしまうから。はっきりと意志を示し、自分自身でいなければならない』。それはすごく力強いメッセージで、とても勇敢かつ大胆な形で語られていた」

歴史的なサウンドトラック『ロケットマン』の音楽

エルトン・ジョンがバーニー・トーピンとの並外れた制作プロセスを語り、スタッフが、2人の名曲を「まったく違う」テイストに仕上げる過程を明かす。

「自分の人生に起こったいくつかの事柄を振り返ると、神の介入だとしか思えないことがある」とエルトンは微笑みながら語る。「最初のひとつは、所属していたバンド（ブルーソロジー）を辞めることに決め、別の何かを求めたことだ。僕は少しぽっちゃりしていて、あまり自分に自信がなかったんだけど、キャバレーをまわって、音楽に関心のない人たちの前で演奏することに心底うんざりしていたんだ。だから、ニュー・ミュージカル・エクスプレス誌の募集広告にアーティストとして応募した。いま振り返ってみると、どうして自分にそんな勇気があったんだろうかと思う。『僕はすごくシャイだったのに、なんでそんなことができたんだ？』とね」

音楽史の伝説として語られているように、彼が言っているのとまさに同じ広告には、バーニー・トーピンという、イギリス北部の養鶏場で働く若い男も返信していた。彼はリバティー・レコードでの作詞仕事のトライアウトに応募したのだった。エルトンの方が先に電話を受け、レイ・ウィリアムズという男に会いに向かった。エルトンはウィリアムズに、自分はメロディは書けるが、歌詞の書き方は分からないと伝えた。「すると、レイ・ウィリアムズが背を反らして、彼の机にある封筒の山から未開封の封筒を取り出した。それは誰の封筒だってあり得たはずだ」とエルトンは振り返って語る。「でも彼はその封筒を私に差し出し、なかにある何かしらの歌詞で曲ができるか試してみろと言った。僕は意気揚々とピナーへ帰る電車に乗り、その封筒を開けると『すごく良い歌詞だ』と思った。誰の封筒でもあり得たんだけど、僕が手にしたのはバーニーの封筒だった。彼は最愛の友人だよ。もう50年の付き合いになる。あの封筒は、クソみたいな歌詞が入った別人のものだった可能性もあったのに！ 『僕が成功したのは運のおかげじゃないだろうか』と思えてならない」

そこから先は、知っての通り有名な話で、エルトンとトーピンは曲作りのパートナーになった――エルトンがメロディを、トーピンが歌詞を担当した。そして以後60年もの間、世界の音楽シーンで確固たる地位を築いている。このタッグはあまりに強力で、彼らのレコード売上が全世界のレコード売上の４％を占めた時期もあった。そして本作『ロケットマン』では、２人が生み出した名曲のうち22曲が、新たな観客に向けて作り直され、新たなキャストによって歌われている。

「バーニーとの仕事はいつも新鮮なんだ、どんなものが出てくるか分からないからね」と、エルトンは２人の極めて生産的な製作プロセスについて語る。「どんな曲にしようかなんていう話し合いもしない。向こうからどんなものが出てくるか分からないんだ。だから、受け取るときは、いつも興奮するよ。いつも同じでね、最初に歌詞をもらうんだ。僕たちは彼が曲のシナリオを書いて、僕がそれを仕上げるという、変わった形で曲を作ってる。曲はすぐにできるんだ。彼が歌詞を書くのにどれぐらい

かかっているかは分からない、尋ねたことがないからね。でも歌詞を受け取ると、それをすぐに理解できれば、もうキーボードに手を置いて開始する。たいていできるまでに長い時間はかからない。もらった歌詞を気に入って、メロディをつけようとするのに、なぜかうまくいかないときもある。どうしてかは分からないけどね。でもそれも受け入れる。僕はもうこれまでの曲を書けただけで充分幸運だから。どうして書けたのか分からない。まったく驚くばかりだ。舞台で演奏しているときも同じだよ。どう動かせと考えているわけじゃないのに、手が動くんだ」

本作の製作総指揮のひとりとして、自分とトーピンのキャスティングに関して大きな発言権のあったエルトンだが、キャスティングの結果には大いに満足していた。2人について、エルトンはこう語っている。

「タロンは素晴らしい人間だ。本当に、素晴らしい。そしてこの映画での演技は、本当にとてつもないね。ジェイミー・ベルに参加してもらうという案も、『ぜひやってくれ！』という感じだった。ずいぶん前に、カンヌ国際映画祭で『リトル・ダンサー』のプレミア上映に参加して、すごく心を動かされたんだ。最後のシーンで、主人公のビリーが成長して『白鳥の湖』を踊っていると、彼の父が現れて、ビリーの姿を眺める……僕の父は決してそんなことしなかった。誤解しないでほしいけど、父とは穏やかな関係を築けている。だけど、あのときジェイミーの演技にすごく心を動かされたんだ。そして今度は僕自身の物語で彼に心を動かされている！　本当に素晴らしいね」

もちろん、キャスティングされるのが誰であっても、すべての力を尽くして、よく知られた曲の数々を自分のバージョンで歌うという大変な任務に直面せねばならない。「初めて会った瞬間から、タロンは歌えると分かった」と本作の音楽を担当するジャイルズ・マーティンは語る。「タロンにはマシュー（・ヴォーン）を介して会ったんだ、デクスターが監督として参加する前にね。スタジオに入って、歌ってみた。彼は本当に素晴らしい人間だ。彼ほどプロセスに力を注ぎ、何をするべきか知ろうと努力する歌手は初めてだった――それに彼は、曲には心が込もっている必要があることも理解している。どこへ連れて行ったって、彼は疑いなく本物のシンガーだ」

マーティンは、出演者や監督やプロデューサーたちと共に、本作の楽曲作りに取り組んだ。若きレジナルド・ドワイトがスターのエルトン・ジョンへと変わっていく様子や、その変化がもたらす浮き沈みを描く映画に沿った音楽を作るだけでなく、印象的なメロディや、その奥に潜む意味を再構成しようと試みた。

「ファンたちは曲がどのように再構成されたかだけでなく、映画内で置かれた位置や使われ方によって、まったく違う物語を表現するものになっていることに驚くだろうね」とファーニッシュは本作のユニークなアプローチについて語る。「多くの人は、『嘘でしょ、この曲がこんな風になるとは思ってもいなかった』と思うはずだ」

完全に自由に作るにあたって、マーティン、ヴォーン、そしてフレッチャーは、核となる哲学について話し合った。マーティンは語る。

「デクスターが言ったんだ。『音楽が始まったら、どこかへ飛び立っていきたい。現実から飛び立っていけるようにしたい。現実に忠実なものにはしない』』。そうしてこれまで観たことのないようなミュージカルが生まれた。

「ミュージカルを作る気持ちだった」とフレッチャーは語る。「そういうアプローチで作るということだ。タロンの素晴らしい歌唱力と曲を活用しながら、自然に語りが進んでいくようにした。そのためには、曲にまったく別の形で命を吹き込む必要がある。どうやって使っていくかはまったく白紙の状態から始まった。曲も、セットや衣裳や照明のデザインと同じように、僕たちが自由にできるものだった。僕たちにはジャイルズがいて、彼はビジョンを理解し、それに寄り添いながら、さらに高めるような音楽作りに全力を注いでくれた」

「そのアプローチは私にとって大きな魅力だった。既存の楽曲を使って、どれほど音楽性を出せるか、腕を振るうことになるわけだからね」とマーティンは語る。「エルトンの楽曲に手を加える理由をくれたわけだ。そして作る曲は、物語がどんな状況であるかを表す心臓の鼓動のような役割になる。別の世界との架け橋になる。曲作りのプロセスは、こちらでデモができたら、リチャードかジェイミーか誰かが来て、ガイドボーカルを歌う。そして現場で歌う用意をする。それからセットで歌ったボーカルに差し替えるか、現場に入ったかのようにして歌ったものに差し替える。そのあとで私が、ボーカルを活かせるように楽曲を仕上げていく。ほとんど普通とは逆の作業だね」

でき上がった曲は素晴らしいものだ。しかしそれも、原曲を生み出した2人――エルトン・ジョンとバーニー・トーピン――が、製作チームに完全な自由を与えてくれなければ実現不可能だった。

「そこが一番素晴らしいところだ」とマーティンは語る。「ある種の人たちにとって、こうした楽曲はあまりに象徴的で、ほとんど神聖視されている。でも私たちはただ変えたくて変えたんじゃない。そしてエルトンのすごいところは、彼が真のアーティストであるところだ。彼は人に自分の作品を発展させることを求めてる。数えきれないほど歌って、聞いてきたはずだ。だから彼には新しい解釈は新鮮なんだ――全員が本当にとてつもないレベルで達成できたと思っている」

映画に登場する楽曲解説

エルトン・ジョンの曲が映画の様々なシーンで登場するが、
映画のサントラに収録されている楽曲を解説する。

構成＝編集部

The Bitch is Back「あばずれさんのお帰り（イントロダクション）」（74年「カリブ」収録）

リハビリ施設で過去を回想するエルトンが歌い始め、幼少期の自分にバトンタッチするのは、彼のテーマ曲だ。癇癪を起こした時のエルトンを“bitch”と言い表しているが、これは母シーラの気性の激しさを示唆してもいる。

I Want Love「アイ・ウォント・ラヴ」（01年「ソングス・フロム・ザ・ウエスト・コースト」収録）

エルトン曰く、98年に3度目の離婚を経験したバーニーが率直な心境を綴ったと解釈できるバラード。劇中では、両親と祖母と少年時代のエルトンが代わる代わる歌い、それぞれに愛を求めながらもすれ違う想いを表している。

Sturday Night's Alright(For Fighting)「土曜の夜は僕の生きがい」（73年「黄昏のレンガ路」収録）

少年から青年、50年代から60年代へ、エルトンの成長過程と時代の変化を、この曲が鳴っている3分間に凝縮した。古風なロックンロール仕立ての原曲に、スカやバングラの要素を織り込み、コスモポリタンなロンドンを描出。

Thank You For All Your Loving「サンキュー・フォー・オール・ユア・ラヴィング」

こちらのレア曲は、エルトンがケイレブ・クエイ（10代の時に在籍したブルーソロジーのギタリスト）と共作。本人が歌ったデモ音源が存在するほか、68年にデュークス・ノーブルメンなるバンドが、彼の参加を得て録音した。

Border Song「人生の壁」（70年「僕の歌は君の歌」収録）

夜通し語り合っているエルトンとバーニーに寄り添う、ゴスペル調の「人生の壁」は、アレサ・フランクリンによるカバーも有名だ。田舎育ちのバーニーがロンドンに抱く気持ちを映し出し、寛容な社会の実現を訴えている。

Rock & Roll Madonna「ロックンロール・マドンナ（インタールード）」

同居生活を始め、チームとして第一歩を踏み出すエルトンとバーニーの姿を、ブレイク前の70年に発表したシングル曲が浮き彫りにする。ここに登場する自由でパワフルな女性は、大家のアラベラをイメージさせるものだ。

Your Song「ユア・ソング(僕の歌は君の歌)」（70年「僕の歌は君の歌」収録）

英米チャートでトップ10入りした、キャリア最初の本格的ヒット曲。劇中では、バーニーとエルトンがケミストリーを実感する瞬間として描かれ、実際に瞬時に完成したという。タロンの弾き語りは、撮影現場でライブで収録。

Amoreena「過ぎし日のアモリーナ」（70年「エルトン・ジョン3」収録）

LAのサンセット大通りをドライブするシーンを、アメリカ西部を舞台にしたサード・アルバムの収録曲で彩る。同作は全編、ブルースやカントリーなどアメリカのルーツ音楽に根差したサウンドに満たされていた。

Crocodile Rock「クロコダイル・ロック」（73年「ピアニストを撃つな」収録）

初の全米ナンバーワンをもたらしたこの曲は、70年夏に行なったアメリカ初公演のシーンで披露。“クロコダイル・ロック”なるダンスに熱狂する主人公の気分を、新たなスター誕生の瞬間を目撃した観客の興奮に重ね合わせる。

Tiny Dancer「可愛いダンサー（マキシンに捧ぐ）」（71年「マッドマン」収録）

バーニーの最初の妻で、エルトンの衣裳係だったアメリカ人女性マキシンにインスパイアされた曲。ママス&パパスのママ・キャスの家で、パーティーを満喫するバーニーを横目に、エルトンが孤独感をかみしめるようにして歌う。

Take Me To The Pilot「パイロットにつれていって」（70年「僕の歌は君の歌」収録）

敢えて甘くない曲でラブシーンを演出。この「ユア・ソング」のB面曲は歌詞が謎めいているのだが、恋人兼マネージャーとなるジョン・リードをパイロットと位置付けて、エルトンが運命を委ねているようにも聴こえる。

Hercules「ハーキュリーズ（ヘラクレス）」（72年「ホンキー・シャトー」収録）

大ブレイクしたエルトンの快進撃を伝えるモンタージュに重ねた、カントリー・テイストの1曲。ハーキュリーズは、彼が72年に、レジナルド・ドワイトからエルトン・ジョンへと正式に改名した時に選んだミドルネームだ。

Don't Go Breaking My Heart「恋のデュエット（インタールード）」

エルトンが主宰するレーベルに所属していた、英国人シンガーのキキ・ディとのデュエット曲は、76年に英米両チャートで1位を獲得。地元では初のナンバーワンだった。劇中ではジョンとの波乱含みの関係を予告している。

Honky Cat「ホンキー・キャット」（72年「ホンキー・シャトー」収録）

映画の序盤でも触れている、このニューオーリンズ・スタイルのR&Bソングの主人公は、都会に出てきた田舎者。浪費に走ってスーパースターの豪奢な生活を満喫する、密月時代のジョンとエルトンがデュエットで聴かせる。

Pinball Wizard「ピンボールの魔術師（インタールード）」（75年「トミー オリジナル・サウンドトラック」収録）

唯一のカバーで、ザ・フーのロック・オペラ作品「トミー」の収録曲だが、エルトンは映画版に出演して劇中で歌ったことを機にライブで披露するようになった。止められないマシーンとしてのショウビジネスを想起させる1曲。

Rocket Man「ロケット・マン」（72年「ホンキー・シャトー」収録）

75年10月、薬物の過剰摂取で自殺を図って、その48時間後にはドジャー・スタジアムで伝説的公演をこなし、ハイとロウの両極を行き来した数日間を、レイ・ブラッドベリの短編小説に着想を得た宇宙飛行士の物語に重ねて描く。

Bennie And The Jets「ベニーとジェッツ（やつらの演奏は最高）（インタールード）」（73年「黄昏のレンガ路」収録）

架空のバンドの魅力をファンが語るこの曲に乗せて、さらに破滅的な行動に走るエルトン。頽廃的ムードとどんどん速まるテンポに急かされるように、落ちるところまで落ちていく。発表当時、全米R&Bチャートでもヒット。

Don't Let The Sun Go Down「僕の瞳に小さな太陽」（74年「カリブ」収録）

ジョージ・マイケルとのデュエット・バージョン（91年）に因んでか、レネーテ・ブリューエルとエルトンのデュエットとして再解釈。切なさを強めたバラードに仕立てて、短い結婚生活を送った2人の関係を語らせた。

Sorry Seems To Be The Hardest Word「悲しみのバラード」（76年「蒼い肖像」より）

〝ごめんなさい〟と口にすることの難しさをエルトンが歌って、互いに傷つけ合う自分と母の複雑な関係を論じる。ピアノを控えめし、ストリングスとクワイアを大々的にフィーチャーすることで、一層メロドラマティックに。

Goodbye Yellow Brick Road「グッバイ・イエロー・ブリック・ロード」（73年「黄昏のレンガ路」収録）

映画『オズの魔法使』に登場するレンガ路をモチーフに、華やかなスターダムとシンプルな幸せを対比させる名曲。前半は、相棒に三下り半を突きつけるバーニーが、後半は、自分の非を認めて立ち直ろうと決意するエルトンが歌う。

I'm Still Standing「アイム・スティル・スタンディング」（83年「トゥ・ロウ・フォー・ゼロ」収録）

一時休止していたバーニーとの共作を再開し、チャートに返り咲いた時期の代表曲。実際にはリハビリ前に発表した曲だが、劇中では人生を立て直したエルトンの復活宣言としてフィナーレを飾り、PVを再現している。

(I'm Gonna)Love Me Again「(アイム・ゴナ)ラヴ・ミー・アゲイン」

エルトンがバーニーと書き下ろし、タロンと一緒に歌うモータウン・ソウル調の新曲が、エンドロールで登場。歌詞には〝ありのままの自分を愛する〟という映画のテーマが投影され、エルトンとバーニーの友情を讃えてもいる。

MINI BIO OF ELTON JOHN

歴代で最も売れたソロ・アーティスト
エルトン・ジョンのキャリアを紹介する。

文=上島太志

ジャンプしながらピアノを弾くエルトン。
1968年のコンサートで
©PictureLux/AFLO

1975年10月15日にロサンゼルスのドジャー・スタジアムで行われたコンサートより
©Shutterstock/AFLO

エルトン・ジョンことレジナルド・ケネス・ドワイトは、１９４７年３月25日に英国ロンドン北部ミドルセックスで生まれる。母親の勧めもあり、3歳の頃からピアノを学び、幼少期から音楽の才能で周囲を驚かせていた。11歳の時に、王立音楽アカデミーに奨学金を受けて入学。卒業後、昼間は音楽出版社に曲を売り込み、夜はホテルのバーで演奏をする生活を続けていた。当時、イギリス全体を覆っていた〝スウィンギング・ロンドン〟(60年代ミニスカートやビートルズにサイケデリック・アートなど、ロンドン発の若者文化が一世を風靡した)震源地のロンドンで、音楽生活をスタートさせる。

母親の再婚相手に買ってもらったエルビス・プレスリーのレコードに強く影響を受けた10代前半のエルトンは、当時欧米のティーンエイジャーに絶大なる影響を与えたロックンロールという新しいカルチャーに強く惹かれていく。彼がピアノ・ロックというジャンルを始めたのは、リトル・リチャード、ジェリー・リー・ルイス、ファッツ・ドミノといったピアノ演奏で名の通ったロックンロール・レジェンドから影響を受けたためだった。ロックンロールに熱狂したイギリスの若者たちが、ビートルズの世界的な成功により、全世界に注目されていたロンドンで日夜お祭り騒ぎをしていた１９６０年代という時代が、エルトンの音楽に大きな影響を与えていたのだ。

2014年6月21日に撮影。1967年よりコンビを組み、30枚以上のアルバムを共作した作詞家のバーニー・トーピンと
©Eyevine/AFLO

1978年5月22日ロンドンのグリブナーハウスで行われた"キャピトル・ラジオ"授賞式にて。ポール・マッカートニーと妻リンダと
©AFLO

因みに、この頃、ロンドンで活躍をはじめ、音楽史に名前を刻むロックスターたちの生まれた年を記しておくと、既に世界的なスターだったビートルズのジョン・レノンは、1940年生まれ。ポール・マッカートニーは1942年。ビートルズと何かと比較されるローリング・ストーンズのメンバーのミック・ジャガーとキース・リチャーズは1943年。エリック・クラプトンとロッド・スチュワートは1945年生まれで、エルトンにとっては全員年上になる。

エルトンと同期の1947年生まれになると、煌びやかなスターたちの列記が続く。デヴィッド・ボウイ、グラムロックの王子マーク・ボラン、映画『ボヘミアン・ラプソディ』の大ヒットで、再ブレイクしているクィーンのブライアン・メイ（因みに、フレディ・マーキュリーは1946年生まれ）、ローリング・ストーンズのメンバーのロン・ウッド、プログレッシブ・ロックのピンク・フロイドのメンバー、デヴィッド・ギルモアなど、後の70年代に世界のロック・シーンを賑わせたスターたちが綺羅星のごとく誕生した。このようなロックスターたちが活躍していた音楽シーンで、エルトンも頭角を現していったのだ。

1967年、無二のパートナーであり盟友となる、作詞家バーニー・トーピンと出会い、ソングライター・チームとして活動をスタートさせる。この頃、バーニーと組んで作曲活動に専念しながら、本名のレジナルドからエルトン・ジョンの芸名に変更する。活動当初は、エルトンの知名度はあがらず苦労を重ね、辛酸をなめたが、やっとデビューにこぎつけ、1969年6月に待望のデビュー・アルバム「エンプティ・スカイ（エルトン・ジョンの肖像）」を発表する。が、本国イギリスではほとんど話題にならず、注目もされなかった。万事休すな情況にあったエルトンは、1970年4月に発売したアルバム「エルトン・ジョン（僕の歌は君の歌）」という起死回生の名作を世に放つことになる。不朽の名曲であるアルバム・タイトルソングとともに、彼の人気はまずアメリカで火が付いたのだ。

当時のアメリカでは、ベトナム戦争のドロ沼化が覆う深い絶望感の中、変革と夢が声高に叫ばれたカウンターカルチャー（既成概念の価値を否定し、中産階級的な生活様式を拒否し、新たなる意識改革を訴える運動）が燃え盛った1960年代の夢が足早に過ぎ去っていた。そんな無力感を感じる中、ジェームズ・テイラーやキャロル・キングといったシンガーソングライターたちが一躍、音楽シーンでクローズアップされていた。声高に自己欲求や社会変化を叫んでいたアメリカの若者の多くは、内省的で癒しの音楽を求めていたのである。エルトンの音楽は、そうした時代の要求や世の中の雰囲気を微妙に察知し、彼らの心をつかみ、アメリカでは無名の新人ながら、いきなり大ヒットを記録した。本国イギリスでも同様に人気が高まり、エルトンはここで一気に波に乗ったのだ。

　前作から半年しか経たない1970年10月に「エルトン・ジョン3」を発売。アメリカでのヒットに続き、本国イギリスでも高評価を獲得。1971年11月には、彼の代表曲になった「可愛いダンサー（マキシンに捧ぐ）」を収録した「マッドマン」を発表。1972年5月には、映画のタイトルにもなっている「ロケット・マン」を収録した「ホンキー・シャトー」を発売するが、アメリカで初のチャート1位を獲得。このアルバムから今までの音楽性をさらに広げて、よりロック色の強いサウンドへと転換していき、さらなる高みを目指して突き進んでいくことになる。

　これ以降の70年代中期までが、エルトンの全盛期にあたる。1973年1月には、フランソワ・トリュフォー監督の映画『ピアニストを撃て!』への見事なオマージュとなっていたアルバム「ピアニストを撃つな!」を発表。8ヵ月後には、初の2枚組アルバムで彼の最高傑作といわれる「黄昏のレンガ路」、1974年5月「カリブ」を発売し、連続でチャート1位を記録した。1972年から75年までの間に、アメリカでなんと7枚のアルバムを連続ナンバー1に送り込むという偉業を成し遂げたのだ。そのうち「キャプテン・ファンタスティック」は全米ビルボードのアルバムチャートでは、史上初となる初登場1位という、誰もそれまで成しえなかった偉業で歴史に名を残した。

　70年代のエルトンの活動を見てみると、彼が生み出した楽曲のクオリティの高さもさることながら、生産性の高さに驚かされる。実際8枚のアルバムが1971年から76年までの5年間にリリースされているのだ。それ以前もそれ以後も誰も成しえない成功をエルトンはこの時期に成し遂げ、その人気は頂点を極めることになる。常人では考えられないペースで活動を続けてきたが、80年代に入ると、その速度を徐々にスローダウンさせていく。「いつ引退してもいい、一線をしりぞきたい」といった発言が多くなるのもこの頃からだ。アルコールや薬物摂取などの依存に

1980年代のポートレイト　©Adrian Boot/Retna/AFLO

1982年のポートレイト
©Shutterstock/AFLO

2019年5月29日にイタリアにある古代ローマの円形闘技場アレーナ・ディ・ヴェローナで行われたエルトン・ジョンのコンサートより　©The Mega Agency/AFLO

より、精神的にも肉体的にも疲れきっていたのだろう。しばらくスランプのような状態が続くが、それでもコンスタントにヒットをとばし、1980年代もほぼ毎年、新作アルバムを発表し続けた。

　その後に発表したアルバムは割愛させていただくが、エルトンは歴代で最も売れたソロ・アーティストである。現在までのキャリアの功績は、その多様さと長さにおいて他の追随を許さない。ゴールド・アルバム38枚、プラチナ・アルバムおよびマルチ・プラチナ・アルバム31枚、トップ40に入った曲は50以上、そして全世界で3億枚以上のレコードを売り上げている。史上最も多く売れたシングル（1997年の「キャンドル・イン・ザ・ウィンド～ダイアナ元英皇太子妃に捧ぐ」）の記録保持者で、3300万枚以上が売れた。2017年11月にリリースされたアルバム「ダイアモンズ～グレイテスト・ヒッツ」はイギリスのアルバムチャートでトップ5に食い込み、エルトンにとってイギリスのトップ40入りした40枚目のアルバムとなり、年を越すまでにゴールド・アルバムとなった。このリリースは、曲作りのパートナーであるバーニー・トーピンとのコンビ50年を記念するものだった。2018年8月、エルトンは「ビルボード・ホット100」のチャート史上最も成功をおさめた男性ソロアーティストであると発表され、チャート入りした数は通算67回、うちナンバーワンは9度、トップテン入りは27度だった。

　彼はミュージカル「ビリー・エリオット」にも楽曲を提供しており、ティム・ライスとは「アイーダ」や歴代最高額の興行収入とされる舞台「ライオン・キング」などの楽曲を制作した。エルトンは2018年ニューヨークのゴッサムホールで「Farewell Yellow Brick Road」ツアーを発表した。3年にまたがり、300日以上をかけて5大陸をまわるツアーは9月から始まり、50年以上のキャリアにおけるツアー生活からの引退を飾る。1970年の最初のツアー以来、エルトンは現在までに80ヵ国以上で4000以上の公演をおこなってきた。2018年の4月には、世界的に有名なミュージカルスターたちがエルトンの名曲たちをカバーした「ユア・ソング～エルトン・ジョン　ベスト・ヒット・カヴァー」が発売された。

　エルトンは、グラミー殿堂賞を含めてグラミー賞を5度受賞しているほか、トニー賞とアカデミー賞、ブリット・アワードのブリティッシュ・男性ソロアーティスト賞、ロックの殿堂、ソングライターの殿堂、ケネディ・センター名誉賞、レジェンド・オブ・ライブ・アワード、アイヴァー・ノヴェロ賞を13度、そして「音楽と慈善活動への貢献」によりエリザベス2世からナイトの称号を贈られるなど、数々の章や名誉を獲得してきた。

ABOUT ELTON JOHN

映画では描かれていないエルトン・ジョンの別の魅力

いつまでも世の中に音楽と愛をあふれさせる

文＝新谷洋子

エルトン・ジョンの人生の最初の40年ほどが彼の音楽と共に凝縮されている映画『ロケットマン』を観て、一定の年齢より若い人たちの中には、「エルトンってこんなすごい人生を送ったの?」と驚く人も、きっと少なくないのだろう。何しろ今の彼の姿と、映画に描かれているあの壮絶な生き様は、まったく一致しないのだから。でも逆に昔から変わっていないところも、『ロケットマン』は浮き彫りにしている。それはずばり、親しみやすくて、老若男女を問わず多くの人に愛される音楽性であり、万人が口ずさめるメロディを紡ぐセンスであり、常にエルトンの声を縁取っているピアノの響き。彼にとって最初のヒット・シングルだった1970年発表の「ユア・ソング(僕の歌は君の歌)」から、『ロケットマン』のサントラに提供した最新シングル「(アイム・ゴナ)ラヴ・ミー・アゲイン」に至るまで、そこは共通している。そして、半世紀前にコラボレーションを始めてから一度も喧嘩したことがないという作詞家のバーニー・トーピンが、歌詞を綴っていることも然りだ。

そもそもエルトンは、クラシック・ピアノを幼い頃から学んだ卓越したピアニストでもあって、作曲はいつもピアノで行っており、まずはクラシック音楽が彼の重要なルーツ。また、ブルースやゴスペル、ソウル、カントリーなどなど、アメリカのルーツ・ミュージックからも多大な影響を受けている。こうした長い歴史を持つ音楽への愛情が、エルトンが作る曲にある種のノスタルジックなぬくもりを与えているのかもしれないし、ここ数年だけを振り返ってみても、フランク・オーシャンのような若手のR&Bシンガーが彼の曲を引用していたり、カントリー・アーティストたちによるカバー・アルバムがリリースされたり、ジャンルを超越して後続のミュージシャンをインスパイアし続ける理由があるのだろう。

それでいてエルトンは決して保守的な人ではなくて、新しいものが大好き。最新の音楽の動きをこまめにチェックし、トレンドを知り尽くしている。毎週新譜が発売されると、ヒップホップからアンダーグラウンドなロックやテクノまで、気になるアルバムを片っ端からオーダー。ロンドン郊外のウィンザーにある本宅のほか、ベニス、ニース、アトランタにもある自宅に1枚ずつ置いておくために、どのCDも4枚入手するという話が有名だ。現在Apple Musicのラジオ、Beats1で放映されている自身の番組「Rocket Hour」でも、その時々にハマっているアーティストの曲を積極的に紹介。70代に突入した今も根っからの音楽ファンで、同時に、自ら経営するマネージメント会社ロケット・ミュージックを通じて、自分の体験を活かして次世代の育成に取り組んできた。あのエド・シーランもロケットに所属していたアーティストのひとりで、クラシック界志望の子供たちにも、母校の王立音楽院で奨学制度を設け

ている。あまり裕福ではない労働者階級の家庭に育ったエルトン自身、奨学生として王立音楽院で勉強するチャンスを得たためだ。

だからいつも若いミュージシャンたちと接してエネルギーと刺激をもらいつつ、自分の作品を制作する時は流行に迎合せずに、自然に生まれる音楽を形にしているところに、彼の面白さがある。またタイムレスな音楽の作り方を熟知しているエルトンは、90年後半になって、ミュージカルの世界に進出。先頃"超実写版"で復活したばかりの映画『ライオン・キング』(98)を皮切りに、「アイーダ」(00)や「ビリー・エリオット」(05)など、日本を含む世界各地で上演されている大人気作品を手掛けた。"超実写版"ではニュー・バージョンが用意されている「愛を感じて」などの名曲は、彼が書いたとは知らずに口ずさんでいる人もいるに違いないが、なんと次は、『プラダを着た悪魔』のミュージカル版が控えているとか。それに彼の旺盛な好奇心は音楽以外にも向けられていて、アートや写真のコレクターとしても有名。16年にはロンドンの美術館テート・モダンで、7000点にのぼるという写真のコレクションの一部を展覧会「The Radical Eye」で披露したものだ。

またエルトンと言えば、問答無用のゲイ・アイコンのひとりでもある。88年に正式にゲイであることを明言してからというもの、未だ数少ない、ショウビズ界のトップで活躍する同性愛者として(彼は常日頃から「誰にも受け入れてもらえるホモセクシュアリティの代表」と自分を呼んでいる)、自分の名声と人脈をポジティブに利用。エルトン・ジョン・エイズ・ファウンデーションでの活動が好例で、輸血でエイズに感染した血友病の少年との交流や、仲のいいフレディ・マーキュリーの死をきっかけに、82年にこのチャリティ財団を設立。現在までに4億5千万ドル(約500億円)以上を集めて、多くのゲイ男性の命も奪ったエイズについて啓蒙し、世界中の患者を支え、感染予防措置を提供することに情熱を注いできた。

と同時に彼は、常に性的マイノリティに対する差別に声を上げている。同性愛宣伝禁止法が存在するロシアで、『ロケットマン』から多数のシーンがカットされたことを知って、「分断された今の世界を映す事件」と厳しく批判したことが記憶に新しいが、同性愛者を差別する発言を繰り返していたエミネムに対話を呼びかけて、01年のグラミー賞授賞式で共演を実現させたのも、彼ならではのエピソードだ。以後2人は親交を深め、エミネムはエルトンの手を借りて鎮痛薬依存を克服したそうで、ほかにも、かつての自分みたいにアルコールやドラッグ依存に悩むアーティストを助けた話はたくさんある。もっとも、今彼の助けを一番必要としているのは、まだ8歳と6歳の息子たちなのかもしれない。自宅にいる時はパパ業に勤しんで、学校への送り迎えもしているという。

このように、ひとりの父親であり、社会活動家という顔を持ちながら、アルバム制作やツアーも休みなく続けてきた疲れ知らずのハードワーカーは、98年に英王室からナイトの称号を与えられ、さる6月には、フランスのレジオンドヌール勲章を受章。式典でマクロン大統領に、「メロディの天才」かつ「LGBTコミュニティの声を代弁した最初のゲイ・アーティストのひとり」と讃えられたばかりだ。孤独で誰にも助けを求められず、破滅的に生きていた若い頃の過ちから教訓を得て、相変わらず世の中に音楽と愛をあふれさせているエルトン。いい年の取り方をするのが難しい音楽界で、素晴らしいお手本を示している。

Discography

エルトン・ジョンの伝記映画『ロケットマン』公開に合わせて、
エルトン・ジョンのアルバムが再リリースされる。

ロケットマン　オリジナル・サウンドトラック

『ボヘミアン・ラプソディ』の最終監督を務めたデクスター・フレッチャーを迎え、エルトン・ジョンの半生を描いた、ミュージック・エンターテインメント大作『ロケットマン』オリジナルサウンドトラック。エルトン・ジョン参加の新曲を1曲収録（「(アイム・ゴナ) ラヴ・ミー・アゲイン」）し、この新曲とキャスト歌唱による1曲を除くすべての曲を、エルトン・ジョンを演じる主演俳優のタロン・エガートンが歌唱する。

8月21日発売／定価：2,700円(税込)

ダイアモンズ～グレイテスト・ヒッツ（3CD）

2017年にリリースされた最新ベスト・アルバム「ダイアモンズ～グレイテスト・ヒッツ」の拡大版3CDエディションをリリース。追加されるディスクには、ジョン・レノンが参加した「ルーシー・イン・ザ・スカイ・ウィズ・ダイアモンズ」、映画『トミー』のサウンドトラック「ピンボールの魔術師」、ディオンヌ・ワーウィック、スティーヴィー・ワンダー、グラディス・ナイトとのチャリティ・シングル「愛のハーモニー」など、他アーティストとの共演曲や隠れた名曲など、エルトンをより深く知ることのできる17曲を収録している。

8月7日発売／定価：4,968円(税込)

僕の歌は君の歌～エルトン・ジョン・グレイテスト・ヒッツ VOL・1

8月7日発売／定価：2,880円(税込)

シングルやアルバムで大ヒットを連発していた全盛時に発売され、全米アルバム・チャート10週連続1位、年間チャートのトップを獲得するなど。自身最大のセールスを記録したエルトン・ジョン初のベスト・アルバム。（1974年発表）

フィラデルフィア・フリーダム～エルトン・ジョン・グレイテスト・ヒッツ VOL・2

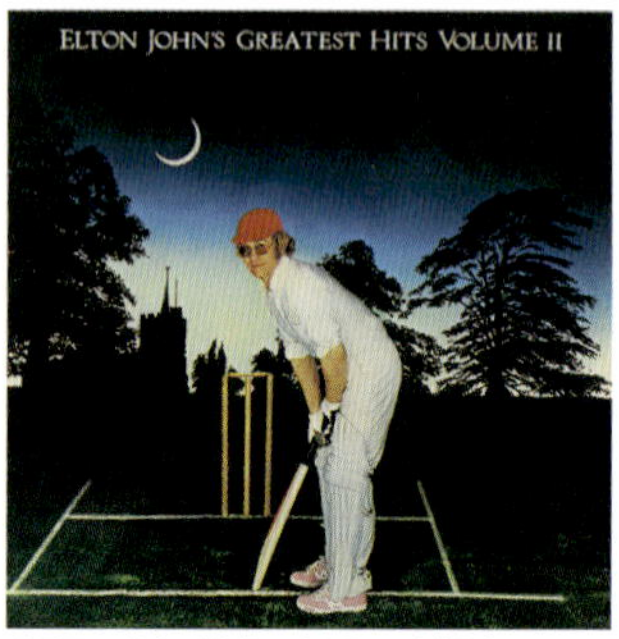

8月7日発売／定価：2,880円(税込)

5枚のアルバムからのシングル・カットに、ジョン・レノンを迎えたカバー・シングル「ルーシー・イン・ザ・スカイ・ウィズ・ダイアモンズ」、キキ・ディーとの大ヒット・デュエット・シングル「恋のデュエット」など4曲を加えてリリースされたエルトン・ジョンのベスト・アルバム第2弾。（1977年発表）

エンプティ・スカイ（エルトン・ジョンの肖像）

ロック・エイジの吟遊詩人、エルトン・ジョンの記念すべきデビュー作。粗削りな長尺ロッカー「うつろな空」や、美しいバラード「スカイライン・ヴィジョン」など、発表当時こそヒットはしなかったが、後に開花する才能の片鱗は十分に見せている。（1969年発表）

8月7日発売／定価：2,880円(税込)

僕の歌は君の歌

永遠の名曲「ユア・ソング（僕の歌は君の歌）」を収録し、世界的なブレイク作となったセカンド・アルバム。自身のピアノやポール・バックマスターによるストリングスなど、厳かで品の良いアレンジが光る。（1970年発表）

8月7日発売／定価：2,880円(税込)

エルトン・ジョン3

作詞家バーニー・トーピンのアメリカ西部への憧れが色濃く表れた、エルトン・ジョンのコンセプチュアルなサード・アルバム。先にロッド・スチュワートが発表していたシング

ル曲「故郷は心の慰め」ほか、全編にカントリー風味が漂う。（1970年発表）

8月7日発売／定価：2,880円（税込）

マッドマン

サントラ盤「フレンズ」とライヴ盤「17-11-70」を挟んで発表されたスタジオ4作目は、「可愛いダンサー（マキシンに捧ぐ）」「リーヴォンの生涯」ほか、ポール・バックマスターによるオーケストレーションを大胆に取り入れたメロディアスなバラード・アルバム。（1971年発表）

8月7日発売／定価：2,880円（税込）

ホンキー・シャトー

「ロケット・マン」「ホンキー・キャット」という2曲のヒット・シングルを収め、エルトン・ジョンの人気を決定づけたスタジオ5作目で、初の全米No.1アルバム。厳粛なバラードを並べた前作から一転、軽快でライブ映えするロック・ナンバーを揃えたポップな作品。（1972年発表）

8月7日発売／定価：2,880円（税込）

ピアニストを撃つな！

8月7日発売／定価：2,880円（税込）

フランソワ・トリュフォーの映画『ピアニストを撃て』にインスピレーションを得て制作されたエルトン・ジョンのスタジオ6作目。全米No.1ヒット「クロコダイル・ロック」、同2位「ダニエル」他を収め、英米でアルバム・チャート1位を記録した金字塔的名作。（1973年発表）

黄昏のレンガ路

8月7日発売／定価：2,880円（税込）

あまりにも美しいタイトル曲、陽気で痛快な「土曜の夜は僕の生きがい」、マリリン・モンローに捧げられた「キャンドル・イン・ザ・ウィンド」など、バラードからR&Rまでキラ星の如き名曲をLP2枚組に詰め込み、世界各国のヒットチャートを席巻したスタジオ7作目にして、エルトン・ジョンの揺るぎない最高傑作。（1973年発表）

カリブ

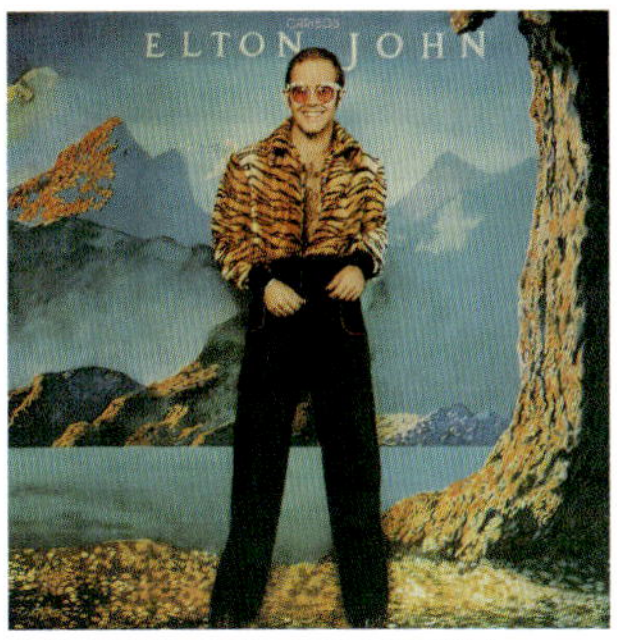

8月7日発売／定価：2,880円（税込）

ホーン・セクションにタワー・オブ・パワー、コーラスにビーチ・ボーイズのカール・ウィルソンとブルース・ジョンストンらが参加したスタジオ8作目で、初のアメリカ録音盤。「あばずれさんのお帰り」「僕の瞳に小さな太陽」といったクオリティの高い楽曲を収め、3作連続の全米・全英1位を記録。（1974年発表）

キャプテン・ファンタスティック

8月7日発売／定価：2,880円（税込）

ベスト盤の発表でキャリアに区切りをつけたエルトン・ジョンが、相棒のバーニー・トーピンと出会い、デビューするまでの思い出を歌ったスタジオ9作目となるコンセプト・アルバム。史上初めて全米初登場No.1を記録した作品で、エルトンの諸作の中でも特に高い評価を誇る。（1975年発表）

ロック・オブ・ザ・ウェスティーズ

前作からわずか5ヵ月後に発売され、2作連続で全米初登場No.1を記録したエルトン・ジョンのスタジオ10作目。デイヴィー・ジョンストンと、新たに加入した旧知のカレブ・クエイによる2本のギターをフィーチャーした、荒々しくもポップなロック・アルバム。（1975年発表）

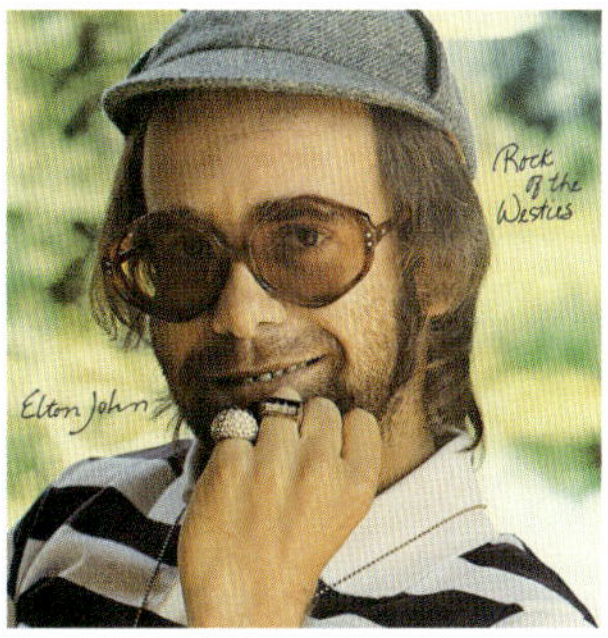

8月7日発売／定価：2,880円（税込）

蒼い肖像

8月7日発売／定価：2,880円（税込）

ライブ盤「ヒア・アンド・ゼア」を挟んで発表されたエルトン・ジョンのスタジオ11作目。自身が設立したROCKETレーベルからの第1弾となるアルバムで、名曲「トゥナイト」「悲しみのバラード」ほか、内省的で憂いに満ちた2枚組大作。ジャジーな「アイドル」など、新機軸も見せる。（1976年発表）

発売元はすべて：ユニバーサル ミュージック合同会社

音楽伝記映画は人気のジャンルだ。
今まで製作された作品の中でセレクトした23本を紹介する。

ボヘミアン・ラプソディ

Bohemian Rhapsody

今もクイーンとして活動を続けるブライアン・メイと ロジャー・テイラーによる福音の書

文＝冨永由紀

代表曲をタイトルに掲げてイギリスのロックバンド「クイーン」の結成から1985年のライブ・エイド出演までの足跡を描いた本作は、何を置いてもまず、アカデミー賞主演男優賞に輝いたラミ・マレックの熱演に目を奪われる。フレディ・マーキュリーとは肉体的に瓜二つとは言い難いのに、仕草やライブ・パフォーマンスでの身のこなしがそっくり。クイーンのフロントマンとしてのフレディしか知らない一観客としては、そこで納得することができれば、ステージ以外の描写をすんなりと受け入れられる。

すでに「MR.ROBOT／ミスター・ロボット」でスターの仲間入りをしていたマレックに対して、他のメンバー3人を演じたグウィム・リー、ベン・ハーディ、ジョゼフ・マゼロの知名度は劣るが、彼らの演技力と外面を作り込んだなりきりぶりは、バンドあってのフレディ・マーキュリーという本作のテーマの1つに説得力を与え、貢献している。

階級社会でもあるイギリスで移民の息子として育ったフレディの生い立ちやセクシャリティについては、正直〝かいつまんだ〟という印象だ。フレディが遺した名曲から感じる〝複雑で華やかな明るい闇〟とでも表現したい、矛盾もはらんだ神秘性が観たかったと願うのは欲張りすぎだろうか。

そうした渇望を補ってあまりあるのが、ライブ・エイドでのパフォー

マンスを再現した21分間だ。全世界に中継されたライブは、今やネット動画でいつでも見られる。そんな誰もが知る映像を臨場感たっぷりに再現したこのシーンは、撮影が始まって真っ先に撮り始めたという。それを知ったうえで観ると、4人の仕上がり度の高さに感嘆するばかりだ。

この時点での監督は『ユージュアル・サスペクツ』や『X-MEN』シリーズのブライアン・シンガーだったが、その後、撮影終了2週間前に解雇されたシンガーの後を引き継いだのが『ロケットマン』のデクスター・フレッチャー監督だ。

個人的に印象深いのは、マイク・マイヤーズがEMIレコードの重役を演じ、楽曲「ボヘミアン・ラプソディ」について「ティーンが車の中でヘッドバンギングする曲じゃない」と否定するシーンだ。マイヤーズは出世作『ウェインズ・ワールド』(91)で仲間たちとドライブ中に「ボヘミアン・ラプソディ」を聴きながらノリノリで頭を振るシーンを演じたが、実はこの選曲に難色を示すプロデューサーを押し切って実現させた逸話がある。クイーンへのオマージュに対するオマージュとして楽しめた。

それにしても、何と作品にふさわしいタイトルだろう。現実でもあり、ただのファンタジーでもある。そして、音楽という真実さえあれば、あとはすべてどうでもいい。この映画は、事実を忠実になぞることにこだわらず、今もクイーンとして活動を続けるブライアン・メイとロジャー・テイラーによる福音の書なのだ。

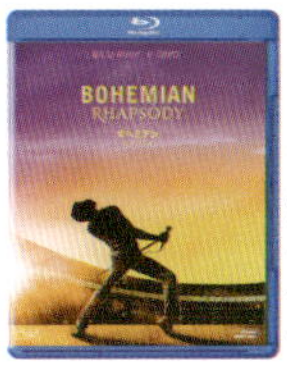

ボヘミアン・ラプソディ　2枚組ブルーレイ＆DVD

発売中／発売元：20世紀フォックス ホーム エンターテイメント ジャパン

2018年アメリカ映画／監督＝ブライアン・シンガー／ラミ・マレック、ルーシー・ボーイントン 、グウィリム・リー、ベン・ハーディ、ジョセフ・マッゼロ、エイダン・ギレン 、トム・ホランダー、マイク・マイヤーズ

ラミ・マレック

Rami Malek

「撮影の終盤では、フレディの存在を身近に感じる瞬間が何度も訪れた」

文＝斉藤博昭

ドラマ「MR.ROBOT／ミスター・ロボット」の主役ですっかり人気を得たラミ・マレックが、さらに新たなファンを獲得しそうだ。新作『ボヘミアン・ラプソディ』では、伝説のロックバンド、クイーンのフレディ・マーキュリーを演じている。没後27年経った今もなお、そのカリスマ性が揺らがないフレディ役に、どんな思いで臨んだのだろうか。

「とにかく天国にいるフレディに敬意を表すことが必要だった。だから運に任せるとか安易な気持ちにはならないように努め、自分のもっているすべてをぶつける覚悟で演技に挑んだよ。そのせいか撮影の終盤では、フレディの存在を身近に感じる瞬間が何度も訪れたね。とくに最終日に撮ったコンサートのシーンで、ステージ上のお辞儀を何度か撮り直したときには、観客からの熱い拍手が、僕の演技だけでなく、フレディ本人への賛辞として受け止められ、思わず感極まってしまった」

音楽ファンの間では語り草となった、1985年、ライブエイドでのクイーンのパフォーマンスが、今作の大きな見どころとなる。ラミは「完コピ」と言っていいレベルで、そのステージを再現しているのだ。苦心も多かったにちがいない。

「20分ものステージをすべて再現するのは至難の業だった。フレディの振付は、曲に合わせたものではなく、感じたままの動きなんだ。ビートに乗ったかと思うと、やたらビートを外したりもする。その流れを僕は細かく把握して、自分の肉体で表現する必要があったのさ。さらに自分で歌い、ピアノも弾く。これは映像には出てこないけど、ギターもみっちり練習したよ。もちろん僕だけの努力ではない。振付や会話のコーチ、衣裳やメイクアップの多大な協力があったからこそ、僕が伝説のステージを再現することができたんだ」

そのメイクアップという点では、フレディに似せるためにラミは「付け歯」をしている。演じるうえで、どんな効果があったのだろう。

「あの前歯は、僕がキャストの候補になり、スタジオに企画が持ち込まれた時期から付けていた（笑）。フレディの人格形成にとって前歯は重要で、子供時代、バッキー（前歯が出てる人をからかう言葉）と呼ばれ、笑うたびに口を隠す癖があった。しかし歌声に影響が出るからと、絶対に歯の矯正には応じなかった。そういったこだわりや、コンプレックスという彼の内面を理解するうえで、僕にとって前歯は必要だったのさ」

撮影現場には、今作のプロデューサーも務めたクイーンのメンバー、ブライアン・メイとロジャー・テイラーも訪れ、ラミの演技をチェックしたという。「ブライアンは、僕の爪先から頭のてっぺんまで眺め、誉めてくれた」と感動を隠さないラミ。こうしてフレディと一体化した彼だが、演じ終えた今、俳優である自分と、伝説のミュージシャンとの共通点を発見できたという。

「フレディは10万人もの観客を引きつけるパフォーマンスを披露しつつ、一方で引っ込み思案の面もあった。パワフルな自然児という表現も似合う。そんな多面性があるから、僕も演じながら興味が尽きなかったんだ。フレディと比較するなんて恐れ多いけれど、僕もどちらかといえば内向的な性格で、家では家族と静かに過ごすのが好き。でも撮影現場では別の人物に変身するわけで、フレディのシャイな部分には共感できたかな。俳優もミュージシャンも、日常とはまったく違うパフォーマンスをするわけだからね」

日本人の筆者に対し、「フレディは日本の美術品のコレクターだったんだよね。僕も近いうちに日本に行きたいな」と、もともと大きな目をさらに開いて、うれしそうに語るラミ・マレック。最後にクイーンの曲の魅力について聞いてみた。

「好きな1曲を選ぶのは本当に難しい。僕にとって彼らの曲は、それぞれが美しい何かを提供してくれるからね。ポップな曲でさえも、必ず感情的に心の琴線にふれるんだ。演じたから言うわけじゃないけど、僕は『クイーン愛』にあふれた人間だから、すべての曲で前奏から入り込んで、抜け出せなくなってしまう……」

この答えはラミの生き方にも通じるようだ。どんな役を演じても、観る人の心の琴線にふれる。そこに俳優としての目標があるのだろう。

グレン・ミラー物語

The Glenn Miller Story

類まれな才能を発揮したグレン・ミラーの半生を描く

『グレン・ミラー物語』
DVD発売中 1,429円+税
発売元：NBCユニバーサル・エンターテイメント

文＝井上健一

「イン・ザ・ムード」「ムーンライト・セレナーデ」「茶色の小瓶」……。例えタイトルを知らなくとも、その軽快で流麗なメロディは、誰もが一度は耳にしたことがあるはず。

１930年代後半から40年代前半のスウィング・ジャズ黄金時代。クラリネットがサックスをリードする独自のサウンドを生み出し、自らの名を冠した楽団と共に絶大な人気を集めたグレン・ミラー。

本作では、作曲家、バンドリーダー、トロンボーン奏者として類まれな才能を発揮した彼の無名時代から、愛妻ヘレンに支えられた全盛期、第二次世界大戦に従軍し、欧州上空で消息を絶つまで、その半生を描く。

とはいえ、物語はハリウッド的な脚色も多く、必ずしも事実を描いているとは言えない。それでも、名作映画として長く語り継がれてきたのは、物語と音楽をシンクロさせた構成のうまさによるものだろう。

〝グレン・ミラー・サウンド〟誕生のきっかけとなる「ムーンライト・セレナーデ」、ヘレンとの結婚記念日に演奏する「ペンシルバニア6-5000」、ラストを飾る「茶色の小瓶」……。名曲が名場面を見事に彩る。

編曲を担当したのは、当時まだ駆け出しだったヘンリー・マンシーニ。本作で初のアカデミー賞候補となった彼は、後に『ティファニーで朝食を』(61) などを手掛け、映画史上に残る名作曲家となる。

また、製作が没後9年というタイミングも功を奏し、演奏には楽団のオリジナルメンバーが参加。本物の〝グレン・ミラー・サウンド〟をたっぷり味わうことができる。

一方、ミラー役には誠実な人柄で人気の名優ジェームズ・スチュアートを起用。眼鏡をかけてトロンボーンを構えた姿は、ミラー本人にそっくりだ。第二次世界大戦に志願したミラー同様、スチュワートも当時、パイロットとして従軍した経験があり、その点も役と重なる。

メガホンを取ったのは、『ウィンチェスター銃'73』(50) など計8本でスチュアートと組んだアンソニー・マン。さらに、妻ヘレン役には『甦る熱球』(49) などで合計3度、夫婦を演じたジューン・アリソンといった馴染みの顔ぶれが揃う。気心知れた仲間に囲まれたスチュアートは、持ち味を活かした好演を披露。翌55年にはマネーメイキングスター第1位に輝くなど、俳優として脂の乗り切った時期でもあった。

充実の布陣で臨んだ本作は、音楽映画に相応しく、アカデミー賞録音賞を受賞し、興行的にもヒット。後に続く『ベニイ・グッドマン物語』(55)、『愛情物語』(56) など、音楽伝記映画の先駆けともなった。

なお、映画のラストに「楽団の存続がグレンの功績を証明する」との台詞が登場するが、その言葉通り、グレン・ミラー楽団はその後も活動を継続。２０１８年に結成80周年を迎え、今も高い人気を誇っている。

1954年アメリカ映画／監督＝アンソニー・マン／出演＝ジェームズ・スチュワート、ジューン・アリソン

5つの銅貨

The Five Pennies

コルネット奏者レッド・ニコルズの半生を描いた感動作

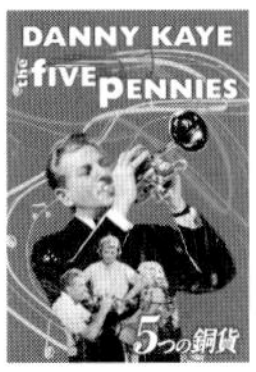

『5つの銅貨』
DVD発売中 1,429円+税
発売元：NBCユニバーサル・エンターテイメント

文＝りんたいこ

１９２０年代から30年代にかけて一世を風靡したバンドリーダーでコルネット奏者のレッド・ニコルズの半生を描いた感動作だ。レッドを演じるのは米俳優にしてコメディアン、歌手として活躍したダニー・ケイ。〝サッチモ〟の愛称で知られる名トランペット奏者のルイ・アームストロングが本人役で出演し、〝生演奏〟と〝生歌〟を披露している。

20年代半ば、ユタ州から大都会ニューヨークにやって来たレッド・ニコルズ（ケイ）は、とある楽団にコルネット奏者として採用される。知り合った歌手のボビー・メレディス（バーバラ・ベル・ゲデス）と訪れた闇酒場で飛び入りの演奏をし、その店のトランペット奏者アームストロング（本人）に実力を認められる。その後レッドは楽団を脱退。自身のバンド「ファイブ・ペニーズ（５つの銅貨）」を結成し巡業に出るようになる。結婚したボビーとの間に娘ドロシー（スーザン・ゴードン）が生まれ、バンドの人気も上々。そのまま幸せが続くかに見えたが……。

映画はその後、ドロシーが小児麻痺にかかり、自責の念に駆られたレッドはバンドを解散。愛用のコルネットをサンフランシスコのゴールデンゲートブリッジから投げ捨てるという衝撃の展開を経て、ドロシーの治療のために造船所の職工になった彼が、愛妻に背中を押され、再びコルネットを吹こうと立ち上がるまでが描かれていく。

ケイは前半でこそ、得意の早口や変顔を披露し、コメディアンらしさを垣間見せるが、後半はそれらをぐっと抑え、娘のために働く寡黙な父を演じ切っている。成長し、幼い頃の記憶が薄れているドロシー（チューズデイ・ウェルド）が、ベニー・グッドマンやグレン・ミラーといった〝有名人〟が、かつて父が率いたバンドにいたと知り驚く場面がある。それを証明するために、妻が差し出したコルネットを吹こうとするレッドだったが……。そのときの彼の表情がやるせない。妻に励まされ、再びステージに立つ決意をするレッド。その先に待つ感動の名シーンは、ぜひ自身の目で確かめて欲しい。

さて、今作の封切り当時のパンフレットによると、レッドの演奏シーンは、当時54歳のレッド本人が吹き替えており、音楽録音の際には、実生活で才能を認め合っていたルイと三十数年ぶりに再会し、旧交を温めたそうだ。

「君去りし後」や「聖者の行進」といった名曲の数々が取り入れられているが、驚き、微笑んでしまうのは、レッドが、なかなか寝付かないまだ幼いドロシーを連れて、ルイの店を訪れる場面。ルイが「ぐっすりおやすみ」、レッドが「ラグタイムの子守唄」、ドロシーが「５つの銅貨」を順に歌っていくと、それらが綺麗に調和するのだ。ちなみに、その３曲を作詞・作曲したのは、ケイの妻シルビア・ファインだ。

1959年アメリカ映画／監督＝メルビル・シェイブルソン／出演＝ダニー・ケイ、バーバラ・ベル・ゲデス、ルイ・アームストロング

アマデウス

Amadeus

モーツァルトを銀幕に蘇らせた不朽の名作

『アマデウス』
BD&DVD発売中
日本語吹替音声追加収録版　BD&DVD（2枚組）5,790円+税
ワーナー・ブラザース ホームエンターテイメント

文＝井上健一

「モーツァルト！　君を殺した私を赦してくれ！」

　雪がしんしんと降る闇夜のウィーンに響き渡る悲痛な叫び。続いて、年老いた宮廷作曲家サリエリが、自室で血まみれの姿で発見され、病院へと運ばれて行く……。

　こうして幕を開ける本作では、18世紀の天才作曲家モーツァルトの生涯が、病院に収容されたサリエリの回想で綴られてゆく。なぜ、サリエリは「モーツァルトを殺した」と叫ぶに至ったのか。そのミステリー的な語り口が、観客を物語に引き込む。

　原作は、トニー賞演劇作品賞に輝いたピーター・シェイファーの同名戯曲。映画化に当たってはシェイファー自身が、「舞台と全く違うものに仕上げてみせる」と語る監督のミロス・フォアマンと共にモーツァルトを聴きながら4ヵ月をかけて脚本を執筆。その間、2人は何度も衝突を繰り返したという。

　音楽を愛するサリエリは、幼い頃から「神童」と呼ばれたモーツァルトの才能を認めながらも、遊び好きで軽薄、礼儀をわきまえない下品な人柄を嫌悪。やがてそれは、嫉妬から憎しみへと変わっていく……。

　ここで製作陣は、俳優ではなく、モーツァルトの音楽を「主役」に据える方針を決定。これにより、全編を彩る名曲の数々は、モーツァルトに造詣の深いネヴィル・マリナー指揮の下、彼が創設したアカデミー管弦楽団が演奏することとなった。

　一方、キャスティングでは無名の俳優を起用することに。出演を希望する大物俳優を断り、サリエリ役にはF・マーリー・エイブラハム、モーツァルト役には舞台で活躍するトム・ハルスがそれぞれ抜擢された。

　だが、ハルスにはピアノの経験がなかったため、撮影前に毎日3～4時間の特訓を数ヵ月に渡って実施。その成果が実り、後ろ向きにピアノを弾くシーンでも、鍵盤を間違えずに演奏できるほど上達した。

　さらに撮影中、エイブラハムとハルスは親しく接することを避け、距離を取る。これにより、芝居に互いの腹の内を探り合うような緊迫感が生まれた。その結果、2人は揃ってアカデミー賞主演男優賞候補となり、見事、エイブラハムが栄冠に輝いた。

　撮影の大半は、18世紀の佇まいを残すチェコの首都プラハで行われ、オペラのシーンのロケ地には、実際にモーツァルトが「ドン・ジョバンニ」を初演した劇場が選ばれた。だが、木造建築だったことから、五百人のエキストラを集め、六千本もの蝋燭を灯した撮影現場には、数十人の消防士が待機。実際に、俳優の帽子に火が付く事故も起きている。

　こうして完成した本作は、アカデミー賞作品賞など8部門を受賞。モーツァルトを銀幕に蘇らせた不朽の名作として、その名を残すこととなった。さらに、２００２年には20分の未公開映像を加えた「ディレクターズ・カット」も公開されている。

1984年アメリカ映画／監督＝ミロス・フォアマン／出演＝F・マーリー・エイブラハム、トム・ハルス、エリザベス・ベリッジ

ラウンド・ミッドナイト

Round Midnight

ピアノをサックスに置き換えた、異色の伝記映画

写真協力／公益財団法人川喜多記念映画文化財団

文＝藤沢ともこ

アメリカからパリへ移住したジャズ・ピアニスト、バド・パウエルと、フランス人イラストレーター、フランシス・ポウドラとの実話をベースに、1950年代末のパリを舞台に、楽器をテナーサックスに置き換え、ジャズで結ばれた2人の友情を描く。

デクスター・ゴードンはアカデミー主演男優賞にノミネート。音楽を担当したハービー・ハンコックは、第59回アカデミー賞（87）でオリジナル作曲賞を受賞している。

パリのジャズクラブ〝ブルーノート〟へ、ニューヨークからジャズ・ミュージシャンのデイル・ターナー（ゴードン）がやってくる。テナーサックスの名手といわれる彼の演奏を、店の外で雨に打たれながら聴く若いデザイナー・フランシス（クリューゼ）は、彼の音楽こそ〝神の声〟だと確信。だが、ジャズ界の巨人として君臨してきたデイルも、アルコールとドラッグに溺れていく。フランシスと彼の娘は、デイルを支えようとするが……。

デイル・ターナーのモデルは、バド・パウエル。50年代半ば以降、アルコールとドラッグに溺れ、精神障害に苦しんだものの、パリ時代はとても良い環境に恵まれ、彼に好意的な人々に支えられ、麻薬を断ち、安定した幸せな生活を過ごした。1966年にアメリカに帰国した際は、既に身体はボロボロ……結果、ニューヨークで亡くなった。つまり、一番幸せであったであろうパリ時代を描いているのが本作だ。

だがこの話は、主演を務めたデクスター・ゴードン本人の人生とも重なる部分が多い。アルコールとドラッグから精神異常をきたし、一時引退状態に。逮捕歴もありながら、本人の努力のかいあり奇跡的にカムバック。ブルーノートと契約後、パリでレコーディング……演じたデイル、そのものな気がしてならない。

そしてゴードンはもちろん、ハービー・ハンコック、ボビー・ハッチャーソンがメインの役どころで出演。ハンコックが出てる縁（だと思われる）で「マイルス・デイヴィス・クインテット」のウェイン・ショーター、ロン・カーター、トニー・ウィリアムスや、ビリー・ヒギンス、フレディ・ハバードなどの有名ミュージシャンが多数出演しており、演奏シーンは豪華絢爛。スタンダードナンバーが数多く演奏されるライブシーンの演奏は、まさに本物だ。スランシス役のクリューゼは、セザール賞に10回ノミネートされている実力派。うち『唇を閉ざせ』（07）で主演男優賞を受賞。『最強のふたり』（12／東京国際映画祭・最優秀男優賞受賞）での頸椎損傷で身体が不自由になった富豪役も記憶に新しい。またマーティン・スコセッシが興行師役で出ているのも見どころのひとつだ。

パリの下町を再現したセットも味わいがある。本物の演奏に、CGではないセットのあたたかみが感じられる作品だ。

1986年アメリカ・フランス合作映画／監督＝ベルトラン・タヴェルニエ／出演＝デクスター・ゴードン、フランソワ・クリュゼ、ハービー・ハンコック

バード

Bird

チャーリー・パーカーの壮烈な生涯を、イーストウッドが描く

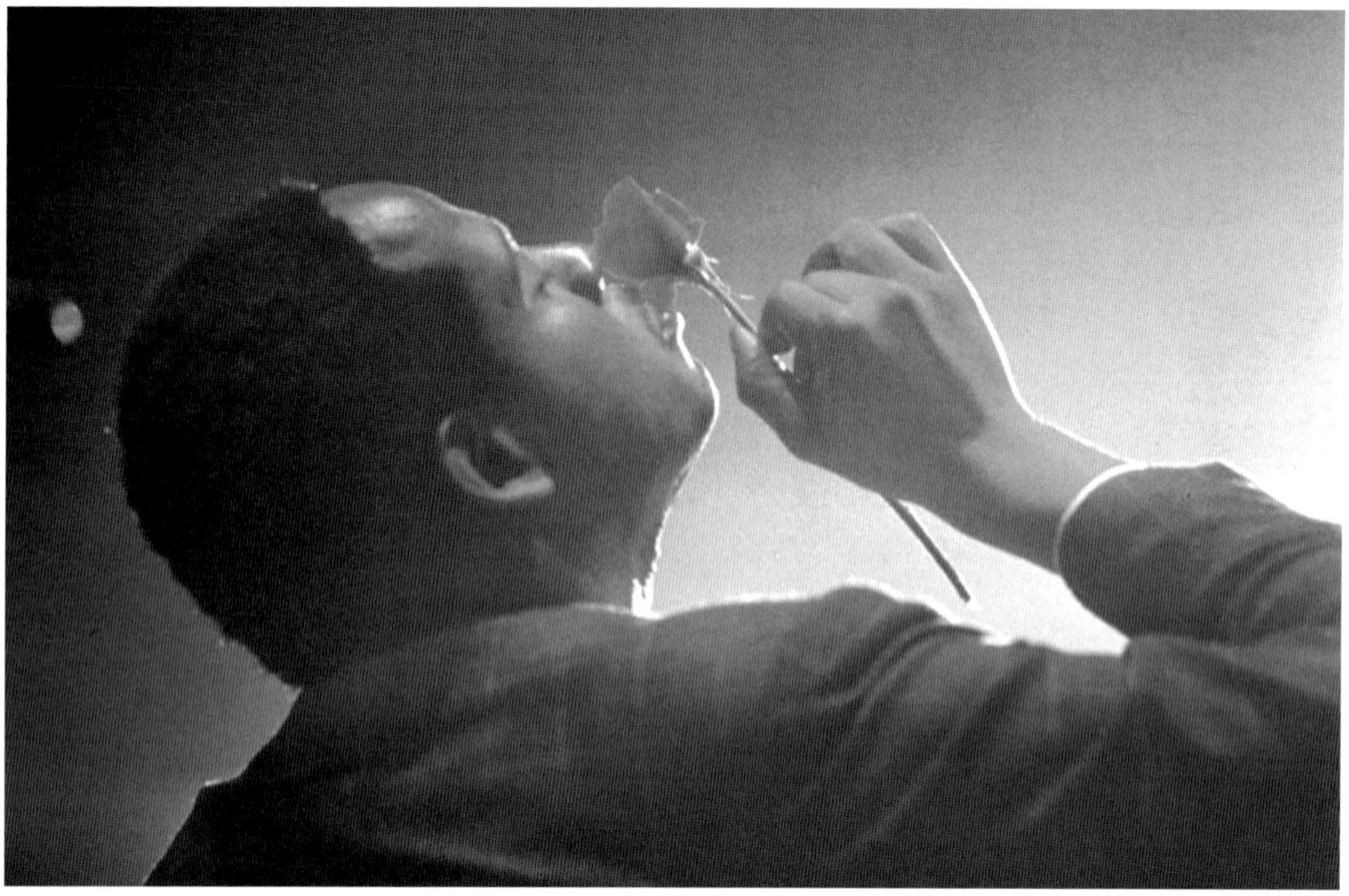

『バード』
DVD発売中 1,429円+税
ワーナー・ブラザース ホームエンターテイメント

文＝藤沢ともこ

モダン・ジャズの革命、〝ビ・バップ〟を生み出し、今なお「天才ジャズマン」と語り継がれる、テナーサックス奏者、チャーリー・パーカーの壮烈な生涯を描く。

カンザスシティで過ごした少年時代、チャン・リチャードソンとの結婚、観客を熱狂させる一方、ドラッグとアルコールに溺れる日々。そして34歳という若さでこの世を去る……その鮮烈な生涯の名場面を、コラージュによって構成する手法で物語は進む。

ジャズ好きとして知られるイーストウッドが、自ら愛するプレイヤーの伝記を手掛け、第46回ゴールデングローブ賞の最優秀監督賞受賞をはじめ、第41回カンヌ国際映画祭では主演男優賞とフランス映画高等技術委員会賞、第61回アカデミー賞では録音賞を受賞するなど各映画祭で絶賛を浴びた。なお、タイトルの『バード』は、パーカーの愛称、チャーリー〝ヤードバード〟パーカーから。

ファッツ・ウォーラー好きな母の影響で、子供の頃からジャズを聴き、15歳の時にはオークランドのクラブでピアノを弾いて食事をさせてもらっていたというイーストウッド。この頃、大物ミュージシャンたちの演奏を聴く機会に恵まれ、中でもチャーリー・パーカーの〝独創的で驚異的な演奏〟に衝撃を受けたという。ゆえに、愛情を持って描かれた作品であることは明確。脚本をより真実に近付けるために、パーカーの未亡人にアドバイスをうけたそうだ。

さらに音源にもこだわった。過去のパーカーのオリジナルから、彼のサックス演奏だけを抜き、そこにレッド・ロドニー、チャールズ・マクファーソン、ウォルター・デイヴィス・ジュニア、ロン・カーターなどの現代ミュージシャンの演奏を併せたものを使用。アカデミー賞録音賞の受賞結果からも分かるように、劇中曲のオリジナル音源を使用したサントラ版も発売されるなど、結果的に成功をおさめた。

本編では、投げられたシンバルの映像が、印象的に何度も挿入される。これは、パーカーが15歳にして、カウント・ベイシー楽団の演奏に飛び入り参加（ジャム・セッション）し、ソロでアドリブを吹き出した途端に経験不足が露呈、ドラマーのジョー・ジョーンズがシンバルを投げたことにより〝救われる〟というシーンだ。また、パーカーの音楽には惹かれるが、プロポーズには応じない彼女のために、大事な商売道具である楽器を質に入れ、白馬を借りてプロポーズ（しかも、仲間の演奏をバックに）するシーンも印象深い。

時系列が入れ替わりながら描かれる2時間41分。ただ、そこはイーストウッド。観終わって計算されたものであることに気付くはずだ。そして、チャーリー・パーカーの人生を描きつつ、それが〝ビ・バップ〟誕生の歴史を物語っていることも、改めて認識させられる。

1988年アメリカ映画／監督＝クリント・イーストウッド／出演＝フォレスト・ウィテカー、ダイアン・ヴェノラ

グレート・ボールズ・オブ・ファイヤー

Great Balls of Fire!

ロックンロール創成期のスターを描く

Orion Pictures / Photofest / Zeta Image

文＝冨永由紀

50年代のロックンロール創成期のスターで、キラーの愛称を持つジェリー・リー・ルイス。叩きつけるようにピアノを弾きながら歌い、時には火をつけて燃やしてしまう過激なパフォーマンスで人気者になった。

映画は、彼の3番目の妻マイラとの関係を描いているが、彼女は結婚発覚時にわずか13歳の少女、しかも親戚の娘だという衝撃の事実が明らかになり、ルイスは瞬時にスターの座から転げ落ちた経緯がある。

クエンティン・タランティーノのお気に入り作『ブレスレス』（83）のジム・マクブライド監督が、前作『ビッグ・イージー』（87）に続いて起用したデニス・クエイドが、天才肌の無頼漢を怪演。13歳の花嫁を演じたのは、若手のトップ女優だった18歳のウィノナ・ライダーだ。

本作の公開は1989年。「#Me Too」運動が起きている30年後の今との感覚の差は思いのほか大きい。新婚カップルのラブシーンについてウィノナ本人は「マイラは当時12歳で、脅すように迫ってきた相手と結婚したの。とても悲しいし、戸惑う場面だった。だからそういうふうに演じたのに、試写を見たみんなが笑った」と後に振り返っている。結婚はルイスが22歳の時だが、演じたクエイドは撮影時に34歳。映像では、事実よりもさらに違和感が強調された感はなきにしもあらずだ。

クエイドによると、ルイスは毎日のようにセットに来て、撮影をチェックしていたという。歌と演奏は全てルイス本人が映画のために再録したが、撮影前に毎日12時間の練習を半年間行ったクエイドは演奏スタイルを忠実に再現している。

スキャンダラスな結婚もだが、個人的に驚いたのは、ルイスが著名なキリスト教伝道師、ジミー・スワガートと従兄弟だったという事実だ。幼少期を共に過ごしたスワガートはルイスが大活躍するのを横目に「ロックは悪魔の音楽」と辻説法するが、これは80年代後半にアル・ゴア夫人（当時）のティッパー・ゴアが率いた団体「PMRC」の活動（過激な歌詞を含むCDに「親への勧告ステッカー」を貼ることを義務づけた）が盛んだった当時の観客にはリンクして見えただろう。スワガートを演じたのはアレック・ボールドウィン。現在はトランプ大統領を揶揄する物真似で有名な彼の反面教師的な気骨は30年前から旺盛だったようだ。ちなみに、マイラの父でルイスのバンドの一員でもあるJWを演じたのはL.A.の伝説的パンク・バンド「X」の中心メンバー、ジョン・ドーだ。

今年84歳になるルイスは、30年前の本作ラストの〝近況〟と同様、今も演奏活動を続けている。立派な御仁ではない。だが、品行方正なだけでは絶対にたどり着けない境地にいるからこその魅力も、またある。人として駄目ならば作るものも駄目、と簡単に決めつけられない。芸術はそういうものだと思わせる1作。

1989年アメリカ映画／監督＝ジム・マクブライド／出演＝デニス・クエイド、スティーヴ・アレン、デヴィッド・ファガーソン、ウィノナ・ライダー

TINA/ティナ

What's Love Got To Do With It

「ソウル＆ロックの女王」の半生

Buena Vista / Photofest / Zeta Image

文＝井上健一

38歳。それが、彼女がDVを繰り返す夫と正式に離婚し、全てを捨てて人生を再スタートした時の年齢だ。しかも、4人の子を抱えて。

その女性の名は、ティナ・ターナー。グラミー賞を受賞した「愛の魔力」など数々のヒット曲を持つ「ソウル＆ロックの女王」である。

1987年に出版された自伝「I, Tina」を原作に、彼女の波乱の半生を映画化したのが本作だ。

58年、バンドを率いてナイトクラブで歌うアイク・ターナーに見出されたティナは、10代で〝アイク＆ティナ・ターナー〟としてデビュー。そのパワフルな歌声で人気を集め、やがてアイクと結婚。子供も生まれるが、間もなく夫の度重なるDVと浮気に苦しむことに……。

劇中では、ティナがアイクとのコンビでスターダムに駆け上がる一方で、泥沼の愛憎劇を経て独立を勝ち取るまで、約20年の歩みが描かれる。と言っても、基本はエンターテインメント。「What's Love Got to Do with It」など十数曲に及ぶティナのヒット曲を中心に、音楽に乗せてテンポよく展開。DVなどの暴力描写も、直接的な表現は極力避けている。

代わってその壮絶な日々を伝えるのが、ティナ＆アイクを演じるアンジェラ・バセットとローレンス・フィッシュバーンの迫真の演技だ。

世間知らずの少女から逞しい女性へと成長してゆくティナを全身で表現したバセットは、ライブシーンでも力強いダンスを披露。マイケル・ジャクソンの「スリラー」を手掛けた振付師マイケル・ピータースの指導を受けたそのパフォーマンスは、ティナ本人の歌声にも負けていない。

また、「あまりにも非人間的」と一度はアイク役のオファーを断ったフィッシュバーンだが、人間性を加味することで納得し、出演を承諾。歌唱シーンも自ら歌ったその演技からは、粗暴で独善的な人柄と同時に、少なからぬ音楽への情熱も伝わる。

熱演が認められた2人は、それぞれアカデミー賞主演女優賞と主演男優賞にノミネート。さらにバセットは、ゴールデン・グローブ賞女優賞を受賞する結果となった。

劇中でも描かれている通り、離婚の際、彼女は〝ティナ・ターナー〟の芸名以外、全ての財産を放棄。文字通り一からの出直しとなったわけだが、見事に復活を果たし、世界的シンガーとして名を成した。

原作の邦訳版「ティナ・ターナー、愛は傷だらけ」の訳者あとがきに、次のようなティナの言葉がある。

「ほとんどの女性は三十代でやり直すのは手遅れだと考えているようだけど、私はそうは思わないわ。誰もが自分の人生を自分で作るべきなのよ。年齢じゃない。大事なのはその人の生きていく姿勢なのよ」

そんな彼女の生き様を伝える本作は、女性だけでなく、先の見えない今を生きる全ての人々に、人生を切り開く勇気を与えるはずだ。

1993年アメリカ映画／監督＝ブライアン・ギブソン／出演＝アンジェラ・バセット、ローレンス・フィッシュバーン

バックビート

Backbeat

メジャーデビュー前の「ザ・ビートルズ」を描く

『バックビート』
DVD発売中 1,429円+税
発売元：NBCユニバーサル・エンターテイメント

文＝りんたいこ

誰もが知る英リバプール出身のロックバンド「ザ・ビートルズ」。その創成期、ジョン・レノン、ポール・マッカートニー、ジョージ・ハリスン、ピート・ベスト（のちに脱退しリンゴ・スターが加入）のほかに、もうひとりメンバーがいたことをご存知だろうか。今作は、画家として将来を嘱望されながらジョンに誘われベースを弾くようになり、ビートルズのメジャーデビュー目前の1962年に21歳で夭折したスチュことスチュアート・サトクリフに焦点を当てた音楽伝記映画だ。

60年、英リバプール。同じ美術学校に通うジョン（イアン・ハート）に誘われ、彼のバンドにベーシストとして加わったスチュ（スティーブン・ドーフ）は、ジョン、ポール（ゲイリー・ベイクウェル）、ジョージ（クリス・オニール）、ピート（スコット・ウィリアムズ）と共に、ドイツ・ハンブルクへ演奏旅行に出かける。巡業中、スチュはドイツ人の女性写真家アストリッド・キルヒヘル（シェリル・リー）と出会い、やがて愛し合うようになる。それと共に再び絵に感心を向けるようになったスチュは、ビートルズを脱け、ドイツでアストリッドと暮らしながら美術大学に通い、画家として創作活動に打ち込み始めるが……。

物語の中心は、60年から61年にかけてのドイツ・ハンブルク巡業でのエピソードだ。そこでのスチュとジョンの友情、スチュとアストリッドの愛、そして、スチュ、ジョン、アストリッドの三角関係が綴られていく。写真を見ると実際のスチュはかなりのイケメンで、失礼ながら演じたドーフが似ているとは言い難い。しかし、今作でのはにかみ屋で繊細なスチュを観ていると、本物もこうだったに違いないと思わせる説得力がある。一方、「ツイン・ピークス」で"世界一美しい死体"ローラ・パーマーを演じたリーは、年を重ねた分落ち着きが増し、アストリッドという女性をしなやかに演じている。

徹夜続きでクタクタになった体を薬でハイにして熱唱した「のっぽのサリー」、格上のクラブに出演したときに演奏した「マネー」、ジョンが亡きスチュに捧げたワンフレーズの「ラブ・ミー・テンダー」と、そこから切り替わる「ツイスト・アンド・シャウト」……彼らの歌声がちりばめられ、当時の様子を窺い知ることができる。私たちが目にするビートルズの写真がどのような状況でアストリッドによって撮られたのか。またビートルズのトレードマークであるマッシュルームカット誕生の経緯も知ることができる。

映画の最後に映るのは、スチュ、ジョン、アストリッド、ジョンの恋人シンシア・パウエル（ジェニファー・イーリー）が、夕暮れ時の浜辺で戯れる姿。彼らにとって、いちばん穏やかで幸せな時間だったのではないか……そう思わせる美しい幕切れだ。

1993年イギリス映画／監督＝イアン・ソフトリー／出演＝スティーブン・ドーフ、シェリル・リー、イアン・ハート、ゲイリー・ベイクウェル

シャイン

Shine

ジェフリー・ラッシュを一躍有名にしたヒット作

写真協力／公益財団法人川喜多記念映画文化財団

文＝佐野 晶

無名のオーストラリアの舞台俳優であったジェフリー・ラッシュがアカデミー主演男優賞をいきなり獲得するというニュースに度肝を抜かれたヒット作。

実在の人物であるピアニストのデヴィッド・ヘルフゴットに取材した物語は、教会での子供のためのピアノコンクールから始まる。細くて小さなデヴィッドは、自分が演奏する曲目を告げることもできないほどに気弱だ。だが演奏を始めると情熱的なのだ。映画は〝情熱〟を映像で見せる。力強く打鍵されたピアノは脚が固定されておらず、少しずつ前に動いてしまう。それを追ってデヴィッドは椅子を前にずらしていく。やがて立ったまま夢中で演奏するのだ。

このシーンだけで傑作を確信させられる。デヴィッドの才能はすぐに認められ、父親の教えだけではなくプロにレッスンを受けるべきだと告げられる。だが父親は難色を示す。愛に満ちた父親なのだが、子供を支配下に置きたいと願ってもいる。それになにより貧しい。だがデヴィッドは、父親には弾くことのできないラフマニノフの名曲を弾きたいと願う。父親はついに折れる。

愛があるゆえにこの父親は恐ろしい。息子が称賛されることを喜ぶが、同時に自分から息子が離れていくことを許せない。米国留学の機会を奪い、英国に奨学生として招かれても断固反対する。だが、デヴィッドはついに父親を振り切って英国に渡る。それでもデヴィッドは父親の姿を忘れることができないのだ。

演奏に没頭するデヴィッドの姿を切り取る描写が素晴らしい。冬の英国の凍える部屋。食べるのも忘れて焦げていくトースト。手がかじかまないように手袋の指先を切った手袋で演奏する姿の熱狂。夢中になるあまり下半身裸のまま部屋を出たり（これは精神障害を示唆する意味もある）。ラフマニノフの手の大きく力強い塑像。映像で音楽を〝見せる〟工夫に満ちているのだ。そしてコンクールでのラフマニノフの演奏シーン。佳境に差しかかった時、音楽が聞こえなくなる。だが無音ではない。鍵盤が当たるかすかな音だけが聞こえる。それは全身全霊をかけて集中している者にしか分からない境地ではないか、と思わせるのだ。最高の演奏を終えたデヴィッドはその場で昏倒する。そして十年後、精神病院にピアノを禁じられたデヴィッドの姿があった。かつての彼のファンによって病院から解き放たれた時、デヴィッドは再び演奏の喜びを得る。ここでも彼の高揚をピアノ演奏ではなくトランポリンで表すのだ。裸にコートを羽織った姿で、ヘッドフォンで音楽を聞きながら跳ね続ける。忘れがたい名シーンだ。

この作品後、ヘルフゴットのドキュメンタリー映画が何本か製作されたが、本人はラッシュの演じたデヴィッドの物真似をしているかのように、そっくりだ（笑）。

1995年オーストラリア映画／監督＝スコット・ヒックス／出演＝ジェフリー・ラッシュ、ノア・テイラー、アレックス・ラファロウィッツ

8 Mile

8 Mile

エミネムを主演に据えた半自伝的映画

『8 Mile』
BD、DVD発売中
BD 1,886円+税／DVD 1,429円+税
発売元：NBCユニバーサル・エンターテイメント

文＝佐野 晶

日本ではほとんど無名だった白人ラッパーのエミネム。だが当時アメリカではすでに白人ラッパーとして異例の大ヒットを飛ばしており、彼自身を主演に据えた半自伝的映画を製作し……。公開前はアイドル映画ではないか、と噂されて軽んじられていたが、その悪評さえも逆手にとって大ヒットを記録した。ラップカルチャーに馴染みのなかった日本でも、この作品は異例のヒットをした。

いきなり冒頭から面白い。〝白人ラッパー〟のダサさを徹底的に容赦なく黒人ラッパーがこき下ろす。ぐうの音も出なくなるほどに痛烈で、実際にエミネムが演じたラビットは反論ラップをすることができなくなりバトル会場から逃げ出すのだ。ここまでやりこめられてしまって物語は成立するのか、と危ぶんでしまった観客はもうこの作品に取り込まれている。現に筆者もその一人だ。

どん底に落ちたラビットの家庭環境がこれまた悲惨だ。恋人と別れて住むところがなく、ラビットは母親の住むみすぼらしいトレーラーハウスに転がり込む。だが母親は無職で、恋人の保険金を目当てにその日暮らしをしている。しかもその恋人がラビットの高校の先輩なのだ。母親は恋人に心身ともに依存していて、ぼろ雑巾のように扱われている。見かねてラビットは恋人にいきり立つが、逆に母親は恋人とのセックスの問題を相談してきたりする……。いや、もうてんこ盛りの悲惨逸話だが、ディテールまでリアルなのだ。これはエミネムの実体験だ。実際には貧困はもっと切実で幼いころから夜逃げを何度も経験していたという。さらにラビットに急接近する女性との恋。そして友人の裏切りなど、青春ドラマの定番的エピソードが並ぶもいずれも苛烈な描写で一筋縄ではいかない。セックス描写も過激だ。その中で唯一静謐な瞬間が描かれる。これが忘れられないシーンだ。車もなくアルバイト先へとバス通勤するラビットは、チラシの裏のような雑紙にラップのリリック（歌詞）をライム（韻を踏む）で書きつけていく。彼の経験した怒りを叩きつけるように、無秩序にしか見えない文字列を書きなぐっているのだ。差別されて貧しかった黒人たちがラップに怒りをぶつけたように。そう。これは逆転の物語なのだ。

新たなラップを引っさげてラビットはかつて逃げ出したバトルの場に立つ。ここで繰り出されるラビットのリリックの痛快！

勝利して万歳にはならない。彼は一人裏路地に消えていく。アルバイトに戻るために。そこにかぶるBGMはエミネムの〝Lose Yourself〟。ゾクゾクするような後ろ姿！一人歩んでいく孤高の男を暗示する。

ちなみに日本でのエミネムのアルバムのセールスは映画公開をピークに下がっていったが、アメリカでは出すアルバムはいまだに必ず一位を獲得し続けている。

2002年アメリカ映画／監督＝カーティス・ハンソン／出演＝キム・ベイシンガー、ブリタニー・マーフィ、エバン・ジョーンズ、エミネム

戦場のピアニスト

The Pianist

名ピアニスト・シュピルマンを、ポランスキーが描く

Focus Features / Photofest / Zeta Image

文=りんたいこ

ポーランドが誇る名ピアニストで国民的作曲家、ウワディスワフ・シュピルマン。彼が執筆した第二次世界大戦中の体験の回想録を、自らも幼い頃、クラクフのゲットー（ユダヤ人居住区）で過ごし、母を収容所で亡くしたロマン・ポランスキー監督が映画化した。監督は、「自伝的な作品にしたくはなかった」としながら、自身の幼い頃の記憶をたどり、また、史実を正確に描くことに腐心し、地獄の中を生き抜いたシュピルマンの半生を静謐かつ生き生きと描き出している。

１９３９年、シュピルマンは、ポーランドの国営ラジオ局でピアノ演奏を聞かせる仕事に就きながら、両親、姉弟と共にワルシャワで暮らしていた。9月、ナチス・ドイツが侵攻すると、ユダヤ系ポーランド人である一家はゲットーでの生活を余儀なくされる。不自由を強いられながらも家族6人身を寄せ合って暮らしていたが、状況は悪くなるばかり。そして遂に一家は強制収容所へ送られることになる。しかし列車に乗り込む直前、シュピルマンだけは逃げ出すことに成功する。だが、彼の行く手には過酷な試練が待っていた。

どんなに辛い状況でも前に進もうとしたシュピルマン。映画の後半、ワルシャワ蜂起によって瓦礫の山と化した街の中を、痛めた足を引きずりながら前に進む彼からは、「生き続けたい」という執念ともいえる熱意が伝わってくる。そして、廃屋に身を隠す彼と、トーマス・クレッチマン扮するドイツ人将校との出会いが、シュピルマンの命運を分けた。

そのドイツ人将校に仕事を聞かれ、「ピアニスト」と答えたシュピルマンは、ピアノがある部屋に連れていかれ、何か弾くよう命じられる。ピアノの前に座り、おもむろに弾き始めたのは、ショパンの「バラード第1番ト短調作品23」（シュピルマンの原作によると実際にはショパンの「ノクターン嬰ハ短調」）。繊細な音色が徐々に力強くなり、シュピルマンの口から洩れる白い息が、生への渇望を一層強く感じさせる。鍵盤に指を走らせるシュピルマンに降り注ぐ日の光は、あたかもステージの上で演奏する彼に向けられたスポットライトのようだ。その約4分に及ぶ演奏に胸が震えた。

シュピルマンを演じたのは、八の字眉が気弱そうな印象を与えるエイドリアン・ブロディ。当初ポランスキー監督は米国人俳優の起用は考えていなかったが、彼の出演作を観てシュピルマンに相応しいと判断したという。その期待に応える形でブロディも十数キロに及ぶ減量を行い撮影に臨み、ピアノの特訓を受け、本番では代役なしで演奏シーンをこなしたそうだ。なお今作は、２００２年の第55回カンヌ国際映画祭で最高賞であるパルムドールを獲得。翌年には米アカデミー賞で、監督賞、脚色賞（ロナルド・ハーウッド）、ブロディが主演男優賞に輝いた。

2002年フランス・ドイツ・ポーランド・イギリス合作映画／監督=ロマン・ポランスキー／出演=エイドリアン・ブロディ、トーマス・クレッチマン

Ray/レイ

Ray

ジャンルを超えたヒット曲を生み出したレイ・チャールの半生を描く

『Ray/レイ』
BD、DVD発売中
BD 1,886円+税／DVD 1,429円+税
発売元：NBCユニバーサル・エンターテイメント

文＝佐野 晶

この作品のタイトルを見るだけで思い出す場面がある。それは今はなき配給会社の試写室だ。なぜか試写室はガラガラだった。筆者を含めて3人しか観客がいない。だがオープニングから心つかまれ、興奮していた。そして気付いた。椅子が揺れている。並んで座っている人が音楽に合わせてノッているのだ。しばらく気付かなかったのは筆者もノッて身体を揺らしていたからだ。筆者は熱心なレイ・チャールズのファンではない。代表曲を何曲か知っている程度だった。だが切実なドラマと俳優陣の迫真の演技に夢中になって、思わず身体を揺らしていたのだ。後にも先にも一度だけの経験だ。

稀代の黒人ミュージシャンの半生を描いた作品だ。監督のテイラー・ハックフォードによると〝9割が真実に基づいた物語〟だという。黒人少年レイが失明する。気丈な母親は貧しいながらも厳しくレイを育てる。〝自分の足で立って〟と。絶妙のタイミングで挟み込まれる幼い頃の回想シーンが効いている。水の事故で亡くなった幼い弟、それを見ているだけで救えなかったレイの罪悪感。それはレイの中で増幅し、トラウマとなって彼の心を責めたてるのだ。社会に出てからも孤独や不安を感じた時、ひたひたとレイの足元に水が迫ってくる。その感触。水に手を触れるとその先には幼い弟の足があり……。パニックになり戦くレイの姿に胸が苦しくなる。

類まれなる音楽的才能で次々とジャンルを超えたヒット曲を生み出し、ビッグスターとなっていく過程の興奮。だがその裏でヘロインに溺れていく。愛人たちとの確執。昔からの仲間を冷酷に切り捨てるレイ。容赦なくレイの闇の部分も描き出す。そしてその闇が生み出す爆発的な音楽の数々。愛人の妊娠を知って追い出そうとするレイと愛人との掛け合いから生まれる〝Hit the road Jack!〟の激しさ。(恐らくは)ヘロインを打ちたくて約束の時間より早めにライブを終えてしまったレイが、契約違反だと責められて即興で弾き語りする〝What'd I say〟のノリと官能。黒人差別に無頓着だったレイが差別を目の当たりにして覚醒する〝Unchain My Heart〟の熱唱……。演出も編集も美術も素晴らしい。だがやはりレイを演じたジェイミー・フォックスの熱演なしには成功はなかった。彼は人工のまぶたを目に張って実際に盲目となって演じているのだ。レイの独特のしぐさや歩き方、歌う時の身体の揺れ。そこにいるのは正にレイ・チャールズにほかならない。さらにもう一言。ほとんどの曲はレイ自身の歌が使われている。だがドラマと絡んだ時、そこではフォックスが歌っているのだ。そこに全く差を感じさせない。歌がうまいというレベルを超越している。それは最高の演技なのだ。アカデミー主演男優賞が彼に贈られたのは最高の喜びであったことを思い出す。

2004年アメリカ映画／監督＝テイラー・ハックフォード／出演＝ジェイミー・フォックス、ケリー・ワシントン、クリフトン・パウエル

五線譜のラブレター DE-LOVELY

De-Lovely

数々のスタンダードナンバーを生んだ作曲家、コール・ポーターの半生を描く

文＝藤沢ともこ

ミュージカル「エニシングゴーズ」（34初演）、「キス・ミー・ケイト」（48初演）、『踊るアメリカ艦隊』（36）、『踊るニューヨーク』（40）、ビング・クロスビーとグレース・ケリーが共演した『上流社会』（56）など、ミュージカルや映画音楽で多くのスタンダードナンバーを残した名作曲家、コール・ポーターの半生を描く。ウィンクラー監督は、ポーターの「1本の芝居のように劇的な人生」を、「ユニークなラヴストーリーでもあり、30曲も歌うからミュージカルでもあり、実在の人物を描いた伝記映画でもあり、夫婦の愛情を描くラブストーリーでもある」と語り、コール・ポーターが、「舞台で演じられる自分の人生を、観客席から振り返る」という回想形式で物語は進む。

1920年、パリ。コール（ケヴィン・クライン）は、美しい年上の女性リンダ（アシュレイ・ジャド）とパーティーで出会う。コールは彼女に、自分が同性愛者であることを告白するが、彼の音楽の才能と人柄を信用したリンダはそれを承知の上で結婚を決意する。2人はヴェネチアに転居し、新婚生活を開始。作曲家としてなかなか認められない日々が続くが、彼女の献身的なサポートのかいあり、ついにブロードウェイでチャンスを得る。1932年、ミュージカル「陽気な離婚」（2年後にフレッド・アステアとジンジャー・ロジャース主演で『コンチネンタル』として映画化）が大ヒットし、コールは一躍売れっ子作曲家となるが……。

コール・ポーターの自伝としては、ケイリー・グラント主演の『夜も昼も』（46）もあるが、内容としては全くの別物。コールの足の怪我は、実際には本作で描かれている通り、落馬による怪我だが、『夜も昼も』では第一次世界大戦中の爆撃により負傷として描かれている。

劇中に流れるのは、コール作曲による作品がズラリ。「ナイト・アンド・デイ」「エニシング・ゴーズ」「ビギン・ザ・ビギン」「ラブ・フォー・セール」「夜も昼も」「トゥルー・ラブ」「ユード・ビー・ソー・ナイス・トゥ・カム・ホーム・トゥ」……今や「スタンダードナンバー」として数多く演奏されている名曲だらけだ。それを、ダイアナ・クラール、アラニス・モリセット、ナタリー・コール、ロビー・ウィリアムズ、エルヴィス・コステロ、シェリル・クロウ、ヴィヴィアン・グリーンなどの実力派シンガーたちが歌い上げるのも本作の魅力。さながら豪華なディナーショーを観ている感覚に襲われる（すなわち、サントラ盤もオススメで、グラミー賞にノミネートされている）。

物語後半。夫婦2人だけでピアノの前に座り、ケヴィン演じるコールが「声が出ない」と言いながらも、妻だけのために切なく歌いあげる「ソー・イン・ラブ」は、涙なしには観られない名シーン。ケヴィンとアシュレイは、共にゴールデングローブ賞にノミネートされている。

2004年アメリカ映画／監督＝アーウィン・ウィンクラー／出演＝ケヴィン・クライン、アシュレイ・ジャド、ジョナサン・プライス、アラン・コーデュナー

ウォーク・ザ・ライン／君につづく道

Walk The Line

ジョニー・キャッシュの波乱の半生を描く

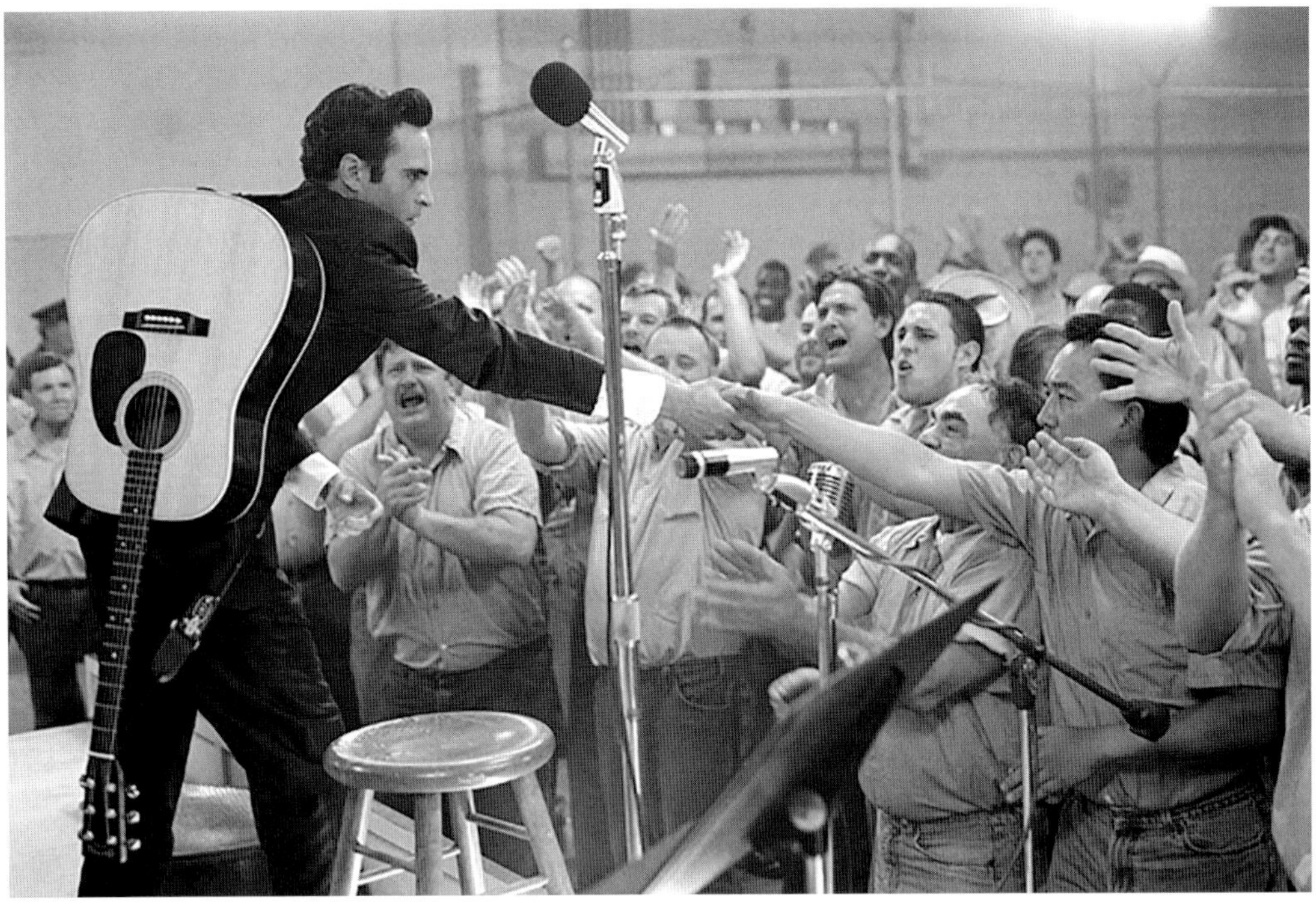

『ウォーク・ザ・ライン／君につづく道』
DVD発売中 1,419円+税
20世紀フォックス ホーム エンターテイメント ジャパン

文＝冨永由紀

伝説的なカントリー・ミュージシャン、ジョニー・キャッシュの波乱の半生を、公私ともに良きパートナーだった2人目の妻で歌手のジューン・カーターとの関係を中心に描く。カントリー音楽は日本では今ひとつ馴染みが薄いが、アメリカでは大きな市場を持つジャンル。その中でも偉大なアイコンを演じる重責を担ったのはホアキン・フェニックス。ジューン役のリース・ウィザースプーンと2人で劇中の歌唱を全て自分たちでこなし、ウィザースプーンはアカデミー賞主演女優賞を受賞した。

物語は1944年、南部の貧しい家庭で両親と兄と暮らしていたジョニーの少年時代から始まる。酒浸りで暴力的な父親に怯える彼の拠りどころだった兄のジャックが事故死してしまう。優秀だった息子の死を嘆くあまり、自分を呪うような言葉を投げつけてくる父親に傷つき、その後も苦悩し続ける主人公を演じるフェニックスを見ていると、彼の兄、リヴァーが若くして不慮の死を遂げたことをどうしても思い出す。若手スターだった兄に比べて地味な存在だった弟という関係性をキャッシュ兄弟に重ねたくなるのだ。

成長し、兵役を経て結婚したジョニーは趣味の音楽活動からプロへの道に進む。エルヴィス・プレスリーを世に出したサン・レコードに自らを強引に売り込んでデビューという経緯は『グレイト・ボールズ・オブ・ファイヤー』のジェリー・リー・ルイスと同じだ。トレードマークである〝黒を着た男（The Man in Black）〟の由来も明かされる。

デビューを果たしたジョニーはツアー中、少年時代に憧れの存在だったジューンと出会う。共演を重ねるうちに互いの家族のことなど打ち解けて話すようになったが、この時は恋に発展せず、6年後の1964年に再会する。ジューンは不幸な結婚生活を送り、深刻なドラッグ依存を抱えていたジョニーは逮捕され、どん底に落ちる。周囲から見放された彼をジューンは献身的に支え、立ち直ったジョニーは1968年1月にカリフォルニア州のフォルサム刑務所で慰問コンサートを行う。彼の代表曲の1つ「フォルサム・プリズン・ブルース」の舞台となった場所だ。

囚人たちを前にしたジョニーの笑顔が最高だ。どんな聴衆を前にした時よりも、自分の居場所にいる顔になる。映画の大枠はラブストーリーだが、この場面でのジョニーは愛する女性と2人きりでいる時よりも幸せそうな表情で、パフォーマーの業が垣間見える気がする。自分も舞台に立つジューンには理解できる感覚だろう。ここでようやく彼女はジョニーの40回目の求婚を受け入れる。

同業者だからこそ、かけがえのないパートナーになれた稀有な例を映画化するには、その絆である歌を主演2人が実演するのは必然だった。似せるより、なってみせる。容姿や声よりも魂を近づけた名演だ。

2005年アメリカ映画／監督＝ジェームズ・マンゴールド／出演＝ホアキン・フェニックス、リース・ウィザースプーン

ドリームガールズ

Dreamgirls

女性ボーカル・グループがスーパースターになるまでを描く

『ドリームガールズ』
BD、DVD発売中
BD 1,886円+税／DVD 1,429円+税
発売元：NBCユニバーサル・エンターテイメント

文＝りんたいこ

1960年代から70年代のモータウン・サウンド隆盛期を背景に、仲良し3人組の女性ボーカル・グループが時代を代表するスーパースターになるまでを描くサクセス・ストーリー。ダイアナ・ロス、フローレンス・バラード、メアリー・ウィルソンで結成された「ザ・シュープリームス」がモデルになっている。81年12月に初演され、82年のトニー賞で6部門受賞という快挙を果たしたブロードウェイ・ミュージカルを、「シカゴ」の脚本を担当したビル・コンドンが脚色、映画化した。

62年、デトロイト。エフィー・ホワイト（ジェニファー・ハドソン）、ローレル・ロビンソン（アニカ・ノニ・ローズ）、ディーナ・ジョーンス（ビヨンセ・ノウルズ）は、「ドリーメッツ」というトリオを組み、音楽で成功することを夢見ていた。そんな彼女たちに目を付けたのは、中古車販売会社を経営するカーティス・テイラーJr.（ジェイミー・フォックス）。彼は3人に人気ミュージシャンのジェームス・アーリー（エディ・マーフィ）のバックコーラスをさせることで、ショービジネス界に打って出る。やがて彼らのステージは全米から注目され、ドリーメッツは「ザ・ドリームズ」と改名してデビューを果たす。しかし、エフィーはリードボーカルの座をディーナに奪われた上に孤立し、グループを追われることになる。

連日スポットライトを浴び、エフィーから奪った（というと語弊があるが）カーティスと豪奢な家に住み、華やかな生活を送るディーナ。それとは対照的に、カーティスとの子供をひとりで育てながら荒んだ生活を送るエフィー。そのエフィーが再起を賭け、兄が作った曲「ワン・ナイト・オンリー」を切々と歌い上げる場面は、今作のハイライトシーンだ。とはいっても、その曲もカーティスに奪われてしまうのだけれど。

栄光と転落、裏切りと確執、友情の決裂……生々しい人間ドラマが展開し、単なる成功譚では味わえない共感と感動を与えてくれる。10キロの減量に挑み、本来持つ華やかさを封印、徐々に洗練されていくディーナを演じたビヨンセ。ある決意を胸にディーナが「リッスン」を熱唱する場面は、圧巻のひと言に尽きる。

しかしやはり出色は、今作がスクリーン・デビュー作でありながら、ビヨンセを食ったとすらいわれた当時25歳のハドソンだ。グループでの居場所を失い、転落の道を辿るエフィーの苦悩や孤独を、力強い歌声と共に表現し、米アカデミー賞助演女優賞獲得も納得の演技を見せた。

冒頭、デトロイトの音楽コンテストの舞台の袖で手を握り合った3人が、やがて憎み合うことになるとは、本人たちも思わなかっただろう。そして、いくつもの諍いの果てに辿り着いた〝場所〟で、「ドリームガールズ」を高らかに歌い上げるラストに、胸熱くならずにいられない。

2006年アメリカ映画／監督＝ビル・コンドン／出演＝ジェイミー・フォックス、ビヨンセ・ノウルズ、エディ・マーフィ、ジェニファー・ハドソン

アイム・ノット・ゼア

I'm Not There

観る人それぞれのディラン像が浮かび上がる

『アイム・ノット・ゼア』
DVD発売中 4,700円+税
発売・販売元：ハピネット

文＝井上健一

ボブ・ディランと聞いて、どんな人物を思い浮かべるだろうか。ある人はロックスターと答える一方で、初期のディランを知る人はフォークシンガーと言うかもしれない。そして今では、ノーベル文学賞受賞者としても知られている。

1962年のデビュー以来、世界に多大な影響を与え続ける偉大なアーティスト、ボブ・ディラン。その複雑で捉えどころのない半生をスクリーンに焼き付ける……。そんな途方もない試みに挑んだのは、『ベルベット・ゴールドマイン』（98）で、70年代英国グラムロックシーンを再現した映画監督トッド・ヘインズ。

そのために採った手法は、「6人の俳優がディランの様々な人生の側面を演じる」というもの。しかもそこには、男優だけでなく、黒人少年や女優まで含むという大胆なキャスティング。ディラン役に起用されたのは、クリスチャン・ベイル、ケイト・ブランシェット、リチャード・ギア、ヒース・レジャー、ベン・ウィショーといずれも名優揃い。これに、映画初出演ながら、並み居るスターに劣らぬ名演を見せる子役マーカス・カール・フランクリンが加わり、デビュー前のディラン、フォークシンガーとしてのディラン、ロックスターのディラン、詩人のディランといった役回りを演じ分ける。

その上、全員が「ボブ・ディラン」を名乗らず、各パートを時系列に並べるのではなく、細切れにして交互に配置。そのモザイク状の構成の中から、観る人それぞれのディラン像が浮かび上がるという趣向だ。

このユニークなアイディアについて、ヘインズはこう語っている。「ディランの人生の真実を表現するたったひとつの手段は、それをドラマ化すること。彼の人生と作品を濾過して、別々の人格を浮き上がらせて、そのそれぞれを物語に仕立てることだと思った」（劇場用パンフレットのインタビューより）

これが気に入られたのか、本作はドキュメンタリーを除くと、「ディラン本人が公認した唯一の映画」というお墨付きまで得ている。

各俳優は、役作りのためにヘインズから膨大な資料を渡されており、それぞれ特徴を捉えた演技が見ものだ。中でも、初期のフォークと決別し、ロックスターに転じた時期のディランを演じるケイト・ブランシェットは、シャープなモノクロ映像との相性も良く、一際強い印象を残す。その演技は、ヴェネチア国際映画祭女優賞を受賞するなど、世界中で高い評価を得た。また、本作の直後『ダークナイト』（08）で入魂の演技を見せ、アカデミー賞を受賞した故ヒース・レジャー演じるプライベートなディランも見逃せない。

全編をディランの名曲が彩るのはもちろん、随所にニヤリとするようなオマージュが散りばめられているのも特徴で、二度三度と観ることで、その奥深さが味わえるはずだ。

2007年アメリカ映画／監督＝トッド・ヘインズ／出演＝クリスチャン・ベイル、ケイト・ブランシェット、リチャード・ギア、ヒース・レジャー、ベン・ウィショー

ランナウェイズ

The Runaways

“造られたガールズバンド”を描く

『ランナウェイズ』
DVD発売中 3,800円+税
発売・販売元:アミューズソフト

文=冨永由紀

ユニセックスな容姿とエッジの効いたサウンドで、唯一無二の個性を誇るジョーン・ジェット。現在も活躍中の彼女が70年代後半、10代の時にカリフォルニアで結成したガールズバンドがザ・ランナウェイズだ。

デヴィッド・ボウイなどのMVを手がけてきた女性監督フローリア・シジスモンディの長編デビュー作は、バンドのボーカルだったシュリー・カーリーの自叙伝が原作。ジェットは製作総指揮を務めている。

下着に網タイツと過激な歌詞で世間を騒がせた16歳のブロンド美少女シュリーを演じたのはダコタ・ファニング。バンドのリーダー的存在でリズムギター担当のジョーンを演じるのはクリステン・スチュワート。2人が中心の物語だ。

ドラムスのサンディ、リードギターのリタ、ベースのロビン(架空の人物)――10代の少女5人を集めたのは有名プロデューサーのキム・フォウリー。ザ・ランナウェイズは発掘されたのではなく、造られたガールズバンドだった。似たようなスター育成システムは日本にもあるが、70年代アメリカの音楽シーンはとにかく荒っぽい。フォウリーは異様なテンションで少女たちをブーイングやセクハラに負けないよう鍛え上げる……と言えば聞こえはいいが、世間知らずな彼女たちに言葉の暴力を浴びせて操り、搾取しまくっているのは明らかだ。演じるマイケル・シャノンは実在のフォウリーに瓜二つで、ギョロリとした目つきと長身が醸し出す威圧感は、少女たちに絶対「ノー」と言わせない迫力だ。

バンドがツアーに出ると、少女たちはセックスとドラッグの誘惑にあっという間に流されていく。荒んで壊れていきながら、それでも心のどこかに純粋な部分を残したままなのが、痛々しくも心に刺さる。

煙草の火のつけ方も知らないほど初心だったシュリーがロックスターとして目覚めていく様を演じるファニングは撮影時15歳。愛くるしい子役時代のイメージをかなぐり捨て、数々の際どいシーンも逃げずに臨んでいる。双子の姉・マリー(ライリー・キーオ)との姉妹愛のエピソードも印象深い。

ジョーンがギターを低めに構えて弾く時の体の揺れ方まで忠実に再現したスチュワートも名演だ。実名で登場するメンバー2人のキャラクターも、イージーゴーイングなサンディ、音楽命ゆえに女を売り物にしようとする宣伝方法に烈火のごとく怒るリタという風に、しっかりと描かれている。

実名使用を許可しなかったジャッキー・フォックスは15年、16歳だった75年にフォウリーから性的暴行を受けたことを明らかにした。現実はフィクションより苛酷。04年に後期メンバーのヴィッキー・ブルーが監督したドキュメンタリー“Edgeplay: A Film About the Runaways”(原題)と併せて見ると興味深い。

2010年アメリカ映画/監督・脚本=フローリア・シジスモンディ/出演=クリステン・スチュワート、ダコタ・ファニング、マイケル・シャノン

恋するリベラーチェ

Behind the Candelabra

実力音楽家の晩年を、元恋人が綴る回想記を基にソダーバーグが映画化

『恋するリベラーチェ スペシャル・プライス』
BD、DVD発売中
BD 1,800円+税／DVD 1,200円+税
発売・販売元：TCエンタテインメント

文＝冨永由紀

　グランドピアノに大きな燭台を載せ、金ピカの衣裳をまとい、１９３０年代から80年代まで活躍した人気ピアニスト、リベラーチェ。

　その出で立ちゆえにキワモノ扱いされがちだが、演奏技術は本物。ラスベガスで長年にわたって定期公演を続けた音楽家の晩年を、同性の元恋人スコット・ソーソンが綴った回想記を基にスティーヴン・ソダーバーグが映画化した。ガン闘病から復活したばかりだったマイケル・ダグラスがリベラーチェを、マット・デイモンがスコットを演じる。

　立居振舞いから推して知るべしだが、リベラーチェは同性愛者であることを世間に隠し続けていた。そんな彼の楽屋に友人が連れてきたのが、獣医師志望の青年スコット。１９７７年のことだ。彼を気に入ったリベラーチェは老いた愛犬の話題で一気に距離を縮めると、すかさずペットや身の回りの世話を依頼して同居に持ち込む。観る側がスコットもろとも、百戦錬磨の恋愛ハンターのペースに巻き込まれる展開の速さだ。

　リベラーチェは敬けんなカトリック信者であり、自身の性癖は教会の教え通りなら罰当たりなのだが、「神様がえこひいきしてくれた」と都合のいい解釈で開き直る。一方、何も知らないまま老母が亡くなった時には悲嘆にくれながら「これで自由だ」と呟く。真の姿をひた隠し、陽気な仮面の下にスターの孤独を滲ませるダグラスも、親の愛に恵まれずに育ち、優しく接してもらうだけで泣いてしまうナイーブなスコットを演じるデイモンも、きめ細かく息の合った演技で、滑稽であると同時に悲しいカップルを演じる。

　寂しさで惹かれ合う形で始まった恋愛だが、通底するのは主従関係だ。リベラーチェは若返り手術のために呼んだ美容整形外科医に、スコットを若き日の自分そっくりの姿に変身させる。そこで発せられる「模倣は至高の芸術」という迷言に痺れる。胡散臭い医師を演じるロブ・ロウがまた見事な顔芸で人造美を表現、こちらも細部に抜かりない名演だ。

　リベラーチェによって次第に籠の鳥状態になったスコットはやがてドラッグに手を出し、その結果リベラーチェに疎まれ、82年に破局。その後、リベラーチェは87年にエイズによる合併症で67歳で亡くなる。

　24時間３６５日を共に過ごしたスコットの視点で語られる物語は、人気と若さに執着したスターの裏の姿をむき出しにするが、ソダーバーグの演出には優しさがある。愛憎入り混じる関係は、性的指向に関わらない恋愛の普遍だが、指向を表明することが同性愛者にとって社会的な死を意味していた時代の物語なのだ。

　オスカー俳優２人の主演作でありながら、その内容ゆえにメジャースタジオが興味を示さず、ＨＢＯのＴＶ映画として製作された経緯からも、時代はまだそれほど変わっていないのかもしれないと思わされる。

2013年アメリカ映画／監督＝スティーヴン・ソダーバーグ／出演＝マイケル・ダグラス、マット・デイモン

最後のマイ・ウェイ

My Way/Cloclo

「マイ・ウェイ」を作った男の波乱万丈の生涯を描く

『最後のマイ・ウェイ』
BD、DVD発売中
BD 4,700円+税／DVD 3,800円+税
発売：カルチュア・パブリッシャーズ
販売：TCエンタテインメント

文＝冨永由紀

〝クロクロ〟と聞いても、日本では「誰？」という人の方が多いだろう。だが、彼が遺した名曲は知っているはずだ。フランク・シナトラの代表曲「マイ・ウェイ」の作者はフランスの歌手、クロード・フランソワ。1978年に急逝するまで、クロクロの愛称で親しまれたフランスの国民的アイドルの波乱万丈の生涯を、フランソワ・オゾン監督作などで知られるジェレミー・レニエが演じる。

60～70年代の世界はまだ、流行に時差と言葉の壁があった。英米のヒット曲を歌手が訳詞で歌って自国でヒットさせるのは日本でも盛んだったが、クロクロが61年に世に出たのもエヴァリー・ブラザーズの曲をフランス語で歌った「ベル・ベル・ベル」がきっかけ。その後もフォー・シーズンズなどアメリカのヒット曲をカバー、アクロバティックなダンスも加えて人気を博した。

クロクロは1939年、エジプト在住のフランス人家庭に生まれた。確執があった父から「おまえはシナトラにはなれない」と言われ、和解しないまま死別した後、涙ぐましい努力でデビューにこぎつけ、成功に甘んじることを許さない厳しいマネージャーと二人三脚で猛進していく。

泥くさいサクセス・ストーリーを当時のドキュメンタリー映像と分割画面で並べて見せる演出に監督の自信がうかがえる。レニエの熱演はすぐに見分けがつかないほど完成度が高い。オリジナル音源のヒット曲に彩られながら、神経質でコンプレックスの塊でもある素顔が描かれる。奔放な女性関係の中には、日本でも有名なフランス・ギャルとの恋愛もあり、「マイ・ウェイ」のオリジナル版「Comme d' habitude」誕生秘話として取り上げられている。

フランスで初めて黒人ダンサーをしたがえてTVに出演、自身のレーベルや音楽出版社設立など、常に新しい挑戦に臨んだクロクロの人生のハイライトは、シナトラが彼の曲を歌った試聴盤を手にした時だ。彼の心に去来するのは「シナトラになれない」と断じた父親であり、大人の男が「自分の道を貫いた」と悔いなき半生を振り返る内容に生まれ変わった「マイ・ウェイ」がぴったりとはまる。が、そこで大団円とはならない。70年代、30代になったクロクロはディスコ・サウンドにインテリ詩人の詞を乗せてさらにヒット曲を量産する。ポップで哀愁もある曲調は同年代の日本の歌謡曲に通じるものもありそうだ。

自宅の浴室で感電という不慮の最期まで、キラキラのスターでい続けようとした男が隠し通した素顔に迫っていく。ゆえに、映画を締めくくるのは世界中で親しまれる名曲ではない。クロクロは、歌詞にエジプトを想起させるモチーフを散りばめたシングル「アレクサンドリ・アレクサンドラ」の発売4日前に急死した。望郷の曲が鳴り響くフィナーレはこれ以上ないほど完璧だ。

2012年フランス映画／監督＝フローラン＝エミリオ・シリ／出演＝ジェレミー・レニエ、ブノワ・マジメル、モニカ・スカティーニ

ジャージー・ボーイズ

Jersey Boys

ザ・フォー・シーズンズの栄光と挫折、再生を描く

『ジャージーボーイズ』
BD、DVD発売中
BD 2,381円+税／DVD 1,429円+税
ワーナー・ブラザース ホームエンターテイメント

文＝りんたいこ

1960年に結成された4人組のポップグループ「ザ・フォー・シーズンズ」。彼らの栄光と挫折、そして再生までを描く。クリント・イーストウッド、33本目の監督作だ。

51年、米ニュージャージー州ベルヴィル。イタリア移民が集まる貧しいその街で、16歳のフランキー・ヴァリ（ジョン・ロイド・ヤング）は理髪店の見習いとして働いていた。彼の天性の歌声を周囲の者たちは知っており、街を仕切るマフィアのボス、デカルロ（クリストファー・ウォーケン）も彼のファンだった。あるときフランキーは、知人のトミー・デヴィート（ビンセント・ピアッツァ）とニック・マッシ（マイケル・ロメンダ）に誘われ、彼らのバンドに加わることに。そこに天才肌の作曲家ボブ・ゴーディオ（エリック・バーゲン）が加わり、4人グループ「ザ・フォー・シーズンズ」の活動が開始する。最初はバックコーラスの仕事しかもらえなかった彼らだったが、「シェリー」の大ヒットによってスターダムにのし上がっていく。その一方で、メンバー内の確執や金にまつわる問題が表出し、グループ内には不協和音が流れ始める。

原案は2005年にブロードウェイで初演され、トニー賞ミュージカル部門で最優秀作品賞など4部門に輝いた同名の舞台だ。イーストウッドは、リードボーカルのフランキー役に、舞台版の演技でトニー賞主演男優賞を獲得したヤングを起用するなど、本家本元に最大限の敬意を表している。

とにかく、素晴らしい！　という言葉に尽きる。ザ・フォー・シーズンズの成り立ちに始まり、成功の階段を駆け上がったものの、その先に待ち受ける仲間割れと借金による空中分解。そして家族との不和……。そうした過程が、「悲しきラグ・ドール」「恋はヤセがまん」「恋のハリキリ・ボーイ」といったヒットソングと共に駆け足で綴られていく。が、物足りなさは感じない。というのも、傲岸不遜なトミー、泰然自若としたニック、冷静沈着なボブ、温厚篤実なフランキーと、それぞれのキャラクターが、そつなく描かれているからだ。その一方で味わえる、彼らの曲が誕生する瞬間に立ち会える喜び。とりわけ、「君の瞳に恋してる」が悲劇から生まれたことを知ったときには、曲に対する印象ががらりと変わり、厚い友情に涙した。

メンバーそれぞれがスクリーン越しに語り掛けてくる、いわゆる〝第四の壁〟を壊してみせるのも今作の特長だ。そして、登場人物全員が、ザ・フォー・シーズンズの大ヒット曲のいくつかに合わせて歌い、踊るグランドフィナーレ。ウォーケンまでもが楽しそうにタップを踏んでいる（音の出ない靴で、だそうだが）。舞台版のカーテンコールを彷彿させるその趣向にニヤリとさせられると共に、最後の全員の決めポーズには、拍手喝采を送りたくなった。

2014年アメリカ映画／監督＝クリント・イーストウッド／出演＝ジョン・ロイド・ヤング、エリック・バーゲン、マイケル・ロメンダ、ビンセント・ピアッツァ

アイ・ソー・ザ・ライト

I Saw The Light

「ロックの父」と呼ばれた伝説のカントリーシンガーを描く

『アイ・ソー・ザ・ライト』
BD、DVD発売中
BD 4,743円+税／DVD 3,800円+税
発売元・販売元：(株)ソニー・ピクチャーズ エンタテインメント

文＝井上健一

活動期間わずか6年。29歳で世を去りながらも、「ロックの父」と呼ばれた伝説のカントリーシンガー、ハンク・ウィリアムズ。エルヴィス・プレスリーやザ・ビートルズに多大な影響を与え、没後半世紀を越えた今もなお、多くのミュージシャンからリスペクトされる存在だ。

そのハンク・ウィリアムズが妻オードリーと結婚した１９４４年から、メジャーデビューを経て突然の死を迎えた53年まで、最期の9年にスポットを当てたのが本作。

その間、人気の頂点に上り詰めたハンクだが、私生活は波乱万丈。持病の二分脊椎症に苦しみつつ酒に溺れ、仕事では度々問題を起こす。

その荒れた姿は、「伝説のシンガー」のイメージからは程遠い。まだ幼い頃、息子の才能に気づいた母から与えられたギターを手に、10代で作曲を始めたというエピソードを交え、イメージに合ったサクセスストーリーに仕立てる手もあったはず。だが、そうしなかったのはなぜか。その理由を知る手掛かりとなるのが、製作・監督・脚本を担当したマーク・エイブラハムの次の言葉だ。

「私はボブ・フォッシー監督やマーティン・スコセッシ監督の『レイジング・ブル』(80)に影響を受けている。彼らが伝記映画で見せた描写の仕方が好きなんだ」

酒と煙草に溺れ、病魔に侵されながらも新作を生み出そうとする舞台演出家の苦悩を描いたボブ・フォッシーの自伝的作品『オール・ザット・ジャズ』(79)。ミドル級チャンピオンにまで上り詰めた実在のボクサーの破滅的な生き様を描く『レイジング・ブル』。栄光を称えるのではなく、内面の苦悩に迫ろうとするそのスタンスは、本作にも通じる。

そこで重要になってくるのが、ハンクの妻オードリーの存在だ。夫の才能を信じ、デビューに大きく貢献。その一方で、夫と違い、歌手の夢に破れた彼女は、子をもうけながらも、次第に夫婦の溝を深めてゆく……。

ここで2人の結末を語ることは控えておく。だが、ハンク・ウィリアムズの伝説は、オードリーとの愛憎入り混じる関係なしには生まれなかった……。そう考えたからこそ、エイブラハムは物語を結婚からの9年に絞ったに違いない。

ハンクとオードリーを演じたのは、共にマーベルの『アベンジャーズ』シリーズで活躍するトム・ヒドルストンとエリザベス・オルセン。劇中の歌唱シーンを全て吹き替えなしで演じたヒドルストンが見事なのは言うまでもないが、「彼女を擁護したいと思った」と語るオルセンも、オードリーのダミ声を的確に表現するなど、好演を見せている。

また、劇中でハンクが出演するラジオ「グランド・オール・オプリ」は、25年の放送開始から今も続く老舗番組。観客の前で行うライブ収録が特徴で、当時の舞台裏を垣間見ることができるのも一興だ。

2015年アメリカ映画／監督＝マーク・エイブラハム／出演＝トム・ヒドルストン、エリザベス・オルセン、チェリー・ジョーンズ

ストレイト・アウタ・コンプトン

Straight Outta Compton

“主張する黒人たち”の名を持つN.W.A.の10年に及ぶ軌跡を辿る

『ストレイト・アウタ・コンプトン』
BD、DVD発売中
BD 1,886円+税／DVD 1,429円+税

文＝井上健一

1980年代後半、ロサンゼルスの南に位置するコンプトン。ドラッグが蔓延し、ギャングが抗争を繰り返すこの街では、取り締まりの名目で、警察が罪のない黒人たちまで手当たり次第に摘発していた。その頃、全米有数の犯罪多発地帯と呼ばれたこの街で、ひとつのヒップホップグループが誕生する。黒人たちの不満や怒りをストレートに伝えるその歌は、たちまち爆発的人気を獲得。彼らの歌はやがて、「ギャングスタ・ラップ」と呼ばれることとなる……。

そのグループとは、「N.W.A.」。本作は、「Niggaz Wit Attitudes＝主張する黒人たち」の名を持つ彼らの10年に及ぶ軌跡を辿る物語だ。製作には当時のメンバーだったドクター・ドレーやアイス・キューブが名を連ね、監督には、彼らとの親交も深く、同じような少年時代を過ごしたF・ゲイリー・グレイを起用。警察やFBIから、「暴動を助長する」と警告を受けながらも歌い続けた彼らの思いを克明に綴る。

こういった伝記映画で当事者が製作に関わる場合、真実に近い描写が可能になる一方で、しばしばネガティブな面を避け、光にだけスポットを当てがちだ。だが本作では、栄光だけでなく、待遇を巡るメンバー間の確執や決別まで赤裸々に描写。単なるサクセスストーリーに留まらない人間ドラマを作り上げた。

リアリティを重視し、N.W.A.のメンバーを演じるキャストには、イメージの定着していない新人をオーディションで抜擢。配役の決定まで、2年を費やした。選ばれた俳優たちは、当時のメンバーに直接アドバイスを受けて撮影に臨んでいる。なお、アイス・キューブ役には息子のオシェイ・ジャクソン・Jrが起用されているが、これもオーディションを経た結果だ。

また、本作のもう一つの見どころは、彼らの経験を通して人種差別を告発する社会派映画としての側面だ。警官から嫌がらせを受けたことをきっかけに生まれた代表曲「ファック・ザ・ポリス」誕生秘話、警官による黒人への暴行に端を発した92年のロサンゼルス暴動など、当時彼らが置かれていた社会状況が、その歩みと共に綴られていく。中でも白眉は、警察の警告を無視して「ファック・ザ・ポリス」を歌い、逮捕されたデトロイトでのライブシーンだ。大観衆を集めた迫力のライブから急転直下、理不尽な逮捕に至るシークエンスからは、彼らの怒りが手に取るように伝わってくる。

そして、その濃密なドラマを一際見応えあるものとしているのが、迫力あるドキュメンタリータッチの映像だ。撮影を担当したのは、ダーレン・アロノフスキー作品や『アリー／スター誕生』(18)などで知られるマシュー・リバティーク。自然光を活用し、手持ちカメラを多用した映像は、物語のリアリティを高めるのに大きく貢献している。

2015年アメリカ映画／監督＝F・ゲイリー・グレイ／出演＝コーリー・ホーキンス、オシェイ・ジャクソン・Jr.、ジェイソン・ミッチェル

文　有澤真庭
井上健一
上島太志
佐野 晶
新谷洋子
高野裕子
冨永由紀
長坂陽子
藤沢ともこ
りんたいこ

デザイン　大谷昌稔(大谷デザイン事務所)
写真　AFLO／公益財団法人川喜多記念映画文化財団／Zeta Image
英文テキスト　眞田陽子(CelebNewsUSA)
協力　アミューズソフト／NBCユニバーサル・エンターテイメント／ソニー・ピクチャーズ エンタテインメント／TCエンタテインメント／東北新社／東和ピクチャーズ／20世紀フォックス ホーム エンターテイメント ジャパン／ハピネットピクチャーズ／パラマウント・ピクチャーズ／ワーナー・ブラザース ホームエンターテイメント

Cover Photo
『ロケットマン』

FLIX SPECIAL
『ロケットマン』大特集+この音楽映画を観よ!

2019年8月15日　第1版発行

編者　フリックス編集部
発行人　唐津 隆
発行所　株式会社ビジネス社
〒162-0805　東京都新宿区矢来町114番地　神楽坂高橋ビル5階
電話　03(5227)1602(代表)
FAX　03(5227)1603
http://www.business-sha.co.jp
印刷・製本　株式会社廣済堂
編集担当　松下元綱、藤沢知子
営業担当　山口健志

ISBN978-4-8284-2122-3